Homero Aridjis

EYES TO SEE OTHERWISE

Ojos de otro mirar

SELECTED POEMS

EDITED BY BETTY FERBER AND GEORGE McWHIRTER

Translated by Lawrence Ferlinghetti, Martha Black Jordan,
Philip Lamantia, W.S. Merwin, John Frederick Nims,
Kenneth Rexroth, Jerome Rothenberg, Brian Swann,
Barbara Szerlip, Nathaniel Tarn, Eliot Weinberger,
and the editors

A NEW DIRECTIONS BOOK

Manufactured in the United States of America
New Directions Books are printed on acid-free paper.
First published paperbound in England by Carcanet Press, Limited, in 2001.
First published as New Directions Paperbook 942 in 2002.
Published simultaneously in Canada by Penguin Books Canada Limited.

Library of Congress Cataloging-in-Publication Data

Aridjis, Homero
    [Poems. Selections. English & Spanish]
    Eyes to see otherwise: selected poems of Homero Aridjis, 1960-2000=Ojos de otro
        mirar/ edited, with a preface by Betty Ferber and George McWhirter ;
        translated by Betty Ferber . . . [et al].
            p. cm.
    ISBN 0-8112-1509-1 (alk. paper)
    1. Aridjis, Homero—Translations into English.   I. Title: Ojos de otro mirar.
II. Ferber, Betty. III. McWhirter, George. IV. Title.

    PQ7297.A8365 A24 2002
    861'.64—dc21   20-01055862

New Directions Books are published for James Laughlin
by New Directions Publishing Corporation
80 Eighth Avenue, New York 10011

Contents

The initials of the translator(s) are indicated in brackets.
Their identities are as follows:

B.F.	Betty Ferber
L.F.	Lawrence Ferlinghetti
M.J.	Martha Black Jordan
P.L.	Philip Lamantia
W.M.	W.S. Merwin
G.Mc.	George McWhirter
J.N.	John Frederick Nims
K.R.	Kenneth Rexroth
J.R.	Jerome Rothenberg
B.S.	Brian Swann
B.Sz.	Barbara Szerlip
N.T.	Nathaniel Tarn
E.W.	Eliot Weinberger

Los ojos desdoblados (1960)

Cirabel   2
Soy lo que eres   2

Antes del reino (1963)

Antes del reino   4
Epitafio para un poeta   4
Cae la lluvia sobre junio   6

Los espacios azules (1969)

Lo verde se hace azul   10
El día separado por sus sombras   10
La noche llena todos los arroyos   12
Hay frutos que suben   12
Más rápido que el pensamiento   14
Al fondo de tu imagen   14
Por adentro subo   16
Todo habla en lo oscuro   16
Rápida maravilla es la luz   18
Amo esta forma moviente   18
A las fuentes que llega   20
El caballo que viene como fuego   20
La palabra que nombra   22
Cada onda es el agua   22
Todo quiere volar cuando Celina   22
La punta de la llama se dora   22
La carne con olor a tierra   24
Apenas coloreado   24
El tiempo de la poesía   24
Viene el río bajo la lluvia   26
Como cuando el cazador dispara   26
El mediodía parte el arroyo   28
El color y el silencio helados   28
Oigo   30
El arca   30
Las voces que soplaron en el aire   32
Azules entre frutos   32

The Eyes of a Double Vision

Cirabel (P.L.)   3
I am what you are (J.R.)   3

Before the Kingdom

Before the kingdom (W.M.)   5
Epitaph for a Poet (J.N.)   5
Over the month of June (J.N.)   7

Blue Spaces

Green turns blue (K.R.)   11
Day parted by its shadows (B.S.)   11
Night fills all the brooks (B.S.)   13
There are fruits that climb (K.R.)   13
Faster than thought (W.M.)   15
At the bottom of your image (W.M.)   15
Inward I go up (W.M.)   17
Everything speaks in the darkness (E.W.)   17
The light is a flickering wonder (E.W.)   19
I love this moving form (W.M.)   19
Coming to the fountains (W.M.)   21
The horse that comes like fire (W.M.)   21
The word that names (W.M.)   23
Each wave is the water (B.S.)   23
Everything wants to fly (B.S.)   23
The tip of the flame turns gold (W.M.)   23
Earth-smelling (B.S.)   25
In faint colours (W.M.)   25
The time of poetry (E.W.)   25
Comes the river under the rain (W.M.)   27
As when a hunter (K.R.)   27
Noon divides the stream (B.F.)   29
Frozen colour and silence (B.F.)   29
I hear (W.M.)   31
The Ark (B.F.)   31
The voices that breathed into the air (B.F.)   33
Blues among the fruit (E.W.)   33

El pájaro retratado a punto de volar   34
El día se rompe   34
El pájaro en el aire es fuego   34
White Castle   36
No era el tren que venía   38
La palabra   38
Agua cae sobre agua   40
El río por el valle tiene fondo   40
Voy a las barcas de la soledad   40
Salir de la mujer es separarse   42

Ajedrez-Navegaciones (1969)

ríe con los ojos   44
Creación   44
trabajo innumerable   44
era tan vasta la mujer de mi sueño   44
todas las noches antes de dormir   46
Sueño de recomposición   46
descubrí el ojo en el muro   46
hay una mano en mí   46
él tenía un planeta azul   46
él tenía un cuarto de silencio   48
Descomposición con risa   48
es el caballo blanco   48
no se sentía bien   50
él tenía una copa   50
él viejo antes de dormir   50
Números   52
mi ser va al canto cada día   52
Y fiel presérvame   52
Hombre   54

El poeta niño (1971)

Preguntas   56
Puente   56

The bird pictured just about to fly (W.M.) 35
Day breaks up (W.M.) 35
The bird in the air is fire (W.M.) 35
White Castle (W.M.) 37
It wasn't the train that was coming (W.M.) 39
The Word (W.M.) 39
Water falls against water (J.R.) 41
The river has depth through the valley (W.M.) 41
I'm going to the boats of solitude (W.M.) 41
To emerge from a woman (W.M.) 43

Chess-Navigations

laugh with eyes (J.R.) 45
Creation (B.F.) 45
an endless job (J.R.) 45
she was so vast the woman in my dream (N.T.) 45
every night before sleep (J.R.) 47
Dream of Recomposition (J.R.) 47
I discovered the eye in the wall (J.R.) 47
there's a hand inside me (J.R.) 47
he had a blue planet (N.T.) 47
he had a room for silence (B.F.) 49
Decomposition With Laughter (J.R.) 49
it's the white horse (B.F.) 49
he wasn't feeling well (N.T.) 51
he had a wine-glass (B.F.) 51
the old man counts his friends (B.F.) 51
Numbers (N.T.) 53
my being goes into the song each day (B.Sz.) 53
And faithful preserve me (E.W.) 53
Man (E.W.) 55

The Boy Poet

Questions (E.W.) 57
Bridge (E.W.) 57

Quemar las naves (1975)

EXALTACIÓN DE LA LUZ
Arroja luz   60
A nosotros   60
Ruysbroeck   60
Es un tocón el tilo   62
Estas piedras   62
Herido de tiempo   64
El que teme morir   64
Antes   66
Buenos días a los seres   66
Hay seres   68
A un tilo   68
Pájaros bajo la lluvia   70
El día que acaba   70
Hay un río   72
Y siendo de la sustancia   72
Oh mi cuerpo   74
Cuelgan las nubes como pechos   74
Estoy bien aquí   76
Ven poeta ancestral   76
Voy viajando   78
Esta llama que asciende   78
Entre palabras camino del silencio   78
Lago d'Averno   80
Sueño con ver el rostro   80
Por pura claridad el agua habla   80
Imágenes del Libro de Job   82
Loco en la noche   82
Hay aves en esta tierra   84
Quemar las naves   84
Carta de México   86
La matanza en el templo mayor   86
Profecía del hombre   88
Ventana   88
A un refugiado español   90
Prehispánica   90
Señales   92
El día que dejó   92
El poema   94

Burn the Boats

EXALTATION OF LIGHT
Light cast your eyes (E.W.)   61
To we men of the plains (E.W.)   61
Ruysbroeck (E.W.)   61
A stump   the linden (E.W.)   63
These stones (E.W.)   63
Wounded by time (E.W.)   65
He who is afraid to die (E.W.)   65
Before (E.W.)   67
Morning to the beings (E.W.)   67
There are beings (E.W.)   69
To a Linden (E.W.)   69
Birds in the rain (E.W.)   71
The day ends (E.W.)   71
There is a river (E.W.)   73
And being of the substance (E.W.)   73
My body (E.W.)   75
Clouds hang like breasts (E.W.)   75
Here I am well (E.W.)   77
Come ancestral poet (E.W.)   77
I'm travelling (E.W.)   79
This flame (E.W.)   79
I walk among words toward silence (E.W.)   79
Lago d'Averno (E.W.)   81
I dream of seeing the face (E.W.)   81
Water speaks in pure clarity (E.W.)   81
Images from the Book of Job (E.W.)   83
Madman at Night (E.W.)   83
There are Birds in this Land (E.W.)   85
Burn the boats (E.W.)   85
Letter from Mexico (E.W.)   87
The Slaughter in the Main Temple (E.W.)   87
The Prophecy of Man (E.W.)   89
Window (E.W.)   89
To a Spanish Refugee (E.W.)   91
Precolumbian (E.W.)   91
Signs (E.W.)   93
The day that left (E.W.)   93
The Poem (E.W.)   95

Vivir para ver (1977)

En su cuarto 96
Vivir para ver 96
Heredamos el dolor y lo transmitimos 98
Los muertos de la Revolución 100
Zapata 102
Arreando burros flacos 102
Paisaje 104
Huitzilopochtli 104
Xipe Totec 104
Turista de 1934 106
Putas en el templo 108
Tezcatlipoca 110
Ciudad de México 112
de DIARIO SIN FECHAS
    Romántica 114
    Entre los seres rotos 114
En la cocina 116
Fuego Nuevo 118

Construir la muerte (1982)

De un día de diciembre 132
Entierro 132
Distrito Federal 132
Ya sale el sol en el oriente helado 134
Tiempo 134
Permanencia 134
Muerto en choque 136
Esta piedra negra 136
Zopilotes 136
Tsung Ping 138
How poor a thing is man 138
Juan de Pareja por Diego Velázquez 140
A una mariposa monarca 140
Agente viajero de 1927 142
Peluquería 144
Emiliano Zapata 144
Sueño en Tenochtitlán 146

Living to See

In his room (E.W.)   97
Living to See (E.W.)   97
We Inherit Pain and Pass It On (E.W.)   99
The Dead of the Revolution (E.W.)   101
Zapata (E.W.)   103
Driving thin donkeys (E.W.)   103
Landscape (E.W.)   105
Huitzilopochtli (E.W.)   105
Xipe Totec (E.W.)   105
Tourist in 1934 (G.Mc.)   107
Whores in the Temple (M.J.)   109
Tezcatlipoca (E.W.)   111
Mexico City (E.W.)   113
From DIARY WITHOUT DATES
   Romantic (E.W.)   115
    Among the wasted creatures (E.W.)   115
In the kitchen (E.W.)   117
New Fire (E.W.)   119

The Building of Death

About a Day in December (G.Mc.)   133
A Burial (G.Mc.)   133
Federal District (G.Mc.)   133
Right Now the Sun Rises out of the Icy East (G.Mc.)   135
Time (G.Mc.)   135
Permanence (G.Mc.)   135
A Crash Victim (G.Mc.)   137
This Black Stone (G.Mc.)   137
Buzzards (G.Mc.)   137
Tsung Ping (G.Mc.)   139
How Poor a Thing is Man (G.Mc.)   139
Juan de Pareja by Diego Velázquez (G.Mc.)   141
To a Monarch Butterfly (G.Mc.)   141
Travelling Salesman in 1927 (G.Mc.)   143
Barbershop (E.W.)   145
Emiliano Zapata (B.F.)   145
Dream in Tenochtitlán (E.W.)   147

Fray Gaspar de Carvajal recuerda el
   Amazonas   148
Era mi noche   150

Imágenes para el fin del milenio (1990)

Mitla   152
Un conquistador anónimo recuerda su paso por las tierras
   nuevas   154
Tormenta sobre México   156
Desde lo alto del templo Moctezuma muestra a Cortés
   su imperio   156
Vientos de piedra   158
Lluvia en la noche   158
Un día un hombre olvida   160
Las palabras no dicen   162
Asombro del tiempo   162

Nueva expulsión del paraíso (1990)

Los años   170
Invención del vidrio   174
Elio Antonio de Nebrija: gramático en guerra   176
Moctezuma y los tamemes   178
Espejos   180
Imágenes sobre una escalera   184
Límites, jaulas y paredes   188
Goethe decía que la arquitectura   188
Poema con Frankenstein   190
La luz   192
La tía Hermione   198
Poema de amor en la ciudad de México   200
Los ríos   202
Helmstedterstrasse 27   204
Imágenes del cuervo   204
Ballena gris   206
Carta a Cloe   208
Sefarad, 1492   208

Fray Gaspar de Carvajal Remembers the
   Amazon (G.Mc. & B.F.)   149
She Was My Night (G.Mc.)   151

Images for the End of the Millennium

Mitla (G.Mc.)   153
An Anonymous Conquistador Recalls His Passing Through
   the New Land (G.Mc.)   155
Storm Over Mexico (G.Mc.)   157
From the Temple Top Moctezuma Shows Cortés His
   Empire (G.Mc.)   157
Winds of Stone (B.F.)   159
Rain in the Night (G.Mc.)   159
One Day a Man Forgets (G.Mc.)   161
Words Cannot Tell (G.Mc.)   163
The Amazement of Time (G.Mc. & B.F.)   163

Second Expulsion From Paradise

The Years (G.Mc.)   171
The Invention of Glass (G.Mc.)   175
Elio Antonio de Nebrija: Grammarian at War (G.Mc.)   177
Moctezuma and His Bearers (G.Mc.)   179
Mirrors (G.Mc.)   181
Images on a Ladder (G.Mc.)   185
Borders, Cages and Walls (G.Mc.)   189
Goethe Said That Architecture (G.Mc.)   189
A Poem with Frankenstein in It (G.Mc.)   191
The Light (G.Mc.)   193
Aunt Hermione (G.Mc.)   199
Love Poem in Mexico City (G.Mc.)   201
Rivers (G.Mc.)   203
Helmstedterstrasse 27 (G.Mc.)   205
Images of the Crow (G.Mc.)   205
Grey Whale (G.Mc. & B.F.)   207
Letter to Chloe (G.Mc.)   209
Sepharad, 1492 (G.Mc. & Homero Aridjis)   209

El poeta en peligro de extinción (1992)

Un poema de amor 224
Retrato de mi padre con tijeras 226
La yegua de la noche 226
Vista del Valle de México desde Chapultepec, circa 1825 228
El insomnio comienza en la cuna 230
Llueve en mi cuarto 230
El poeta en peligro de extinción 232
El vacío 234

Arzobispo haciendo fuego (1993)

Arzobispo haciendo fuego 236
Zapatos al pie de la cama 236
Está más lejos Río de Río 236
Ejercicios para la oscuridad 238
Lugares y dioses rotos: *Delos* 238
Olvidos 240

Tiempo de ángeles (1994)

Tiempo de ángeles 242
La última noche del mundo 246
Zona roja 248
Sobre ángeles, IX 252
El ángel de la ubicuidad 252
El ángel doble de sí mismo 254
Del hombre y su nombre 256
Habla el ángel 256
Te recuerdo corriendo por la calle 258

Ojos de otro mirar (1998)

Hangzhou 260
Autorretrato a los seis años 260
Autorretrato herido 262
Autorretrato a los diez años 266
Autorretrato a los once años en un tren 268
Autorretrato a los trece años 268

The Poet in Danger of Extinction

A Love Poem (G.Mc.)   225
Portrait of My Father with Scissors (G.Mc.)   227
The Night Mare (G.Mc.)   227
View of Mexico City from Chapultepec, Circa 1825 (G.Mc.)   229
Insomnia Begins in the Cradle (G.Mc.)   231
It is raining in my room (G.Mc.)   231
The Poet in Danger of Extinction (G.Mc.)   233
Vacant (G.Mc.)   235

Archbishop Building a Fire

Archbishop Building a Fire (G.Mc.)   237
Shoes at the Foot of the Bed (G.Mc.)   237
It is Farther from Rio to Rio (G.Mc.)   237
Exercises for the Dark (G.Mc.)   239
Shattered Gods and Places: *Delos* (G.Mc.)   239
Forgettings (G.Mc.)   241

A Time of Angels

A Time of Angels (G.Mc.)   243
The Last Night of the World (G.Mc.)   247
Red Light District (G.Mc.)   249
About Angels, IX (G.Mc.)   253
The Angel of Ubiquity (G.Mc.)   253
An Angel as Its Own Double (G.Mc.)   255
About a Man and His Name (G.Mc.)   257
An Angel Speaks (G.Mc.)   257
I Remember You Running Down the Street (G.Mc.)   259

Eyes to See Otherwise

Hangzhou (G.Mc.)   261
Self-Portrait at Six Years of Age (G.Mc.)   261
A Wounded Self-Portrait (G.Mc.)   263
Self-Portrait at Age Ten (G.Mc.)   267
Self-Portrait at Eleven on a Train (G.Mc.)   269
Self-Portrait at Thirteen Years of Age (G.Mc.)   269

Autorretrato a los dieciséis años 270
Autorretrato a los cincuenta y cuatro años 272
Autorretrato en el portal 272
El cuerpo blanco al fondo del desierto 274
Ojos de otro mirar 276
Los seis sentidos de la muerte 280
En la oscuridad extrema 280
Permanencia 280

El ojo de la ballena (2001)

El ojo de la ballena 282
Los poemas del doble 284

Self-Portrait at Age Sixteen (G.Mc.)   271
Self-Portrait at Fifty-Four Years Old (G.Mc.)   273
Self-Portrait in the Doorway (G.Mc.)   273
A White Body out in the Desert (G.Mc.)   275
Eyes to See Otherwise (G.Mc.)   277
The Six Senses of Death (G.Mc.)   281
In the Extreme Darkness (L.F.)   281
Permanence (G.Mc.)   281

The Eye of the Whale

The Eye of the Whale (G.Mc.)   283
Poems for the Double (J.R.)   285

Index of Titles   294
Index of First Lines   304

ACKNOWLEDGEMENTS

Some of the poems translated by Betty Ferber have previously appeared in *The Nation* and in the anthology *Blue Spaces*, edited by Kenneth Rexroth (The Seabury Press, 1974).

Some of the poems translated by W.S. Merwin have previously appeared in *The Nation* and in the anthologies *New Poetry of Mexico*, edited by Mark Strand (E.P. Dutton, 1970); *Blue Spaces*, edited by Kenneth Rexroth (The Seabury Press, 1974); *Twentieth-Century Latin American Poetry*, edited by Stephen Tapscott (University of Texas Press, 1996).

Some of the poems translated by George McWhirter have previously appeared in *Agni*, *Atlanta Review*, *Conjunctions*, *Harvard Review*, *Isle*, *Jacket*, *London Magazine*, *Modern Poetry in Translation*, *Shenandoah*, *The Amicus Journal*, *The Honest Ulsterman* , *The Nation*, *The New Republic* and in the anthologies *Where Words Like Monarchs Fly*, edited by George McWhirter (Anvil Press, 1999); *Poetry Comes Up Where It Can*, edited by Brian Swann (University of Utah Press, 2000).

Some of the poems translated by John Frederick Nims have previously appeared in *Atlantic*, *Mundus Artium*, and *Twentieth-Century Latin American Poetry*, edited by Stephen Tapscott (University of Texas Press, 1996).

Some of the poems translated by Kenneth Rexroth have previously appeared in the anthology *Blue Spaces*, edited by Kenneth Rexroth (The Seabury Press, 1974). 'Green turns blue', 'There are fruits that climb' and 'As when a hunter' © 2001 used by permission of the Kenneth Rexroth Trust.

Some of the poems translated by Jerome Rothenberg have previously appeared in the anthologies *Blue Spaces*, edited by Kenneth Rexroth (The Seabury Press, 1974); *Twentieth-Century Latin American Poetry*, edited by Stephen Tapscott (University of Texas Press, 1996).

Some of the poems translated by Brian Swann have previously appeared in *The Whale's Scars*, Brian Swann (New Rivers Press, 1974).

The poem in English translation by Barbara Szerlip has previously appeared in the anthology *Blue Spaces*, edited by Kenneth Rexroth (The Seabury Press, 1974).

Some of the poems translated by Nathaniel Tarn have previously appeared in *Afrasian* and the anthology *Blue Spaces*, edited by Kenneth Rexroth (The Seabury Press, 1974).

Some of the poems translated by Eliot Weinberger have previously appeared in *Alcheringa, Bezoar, Boston University Journal, Chicago Review, Denver Quarterly, Holland Herald, Mars, Montemora, Mundus Artium, New Directions 37, New Directions 43* and the anthologies *Blue Spaces*, edited by Kenneth Rexroth (The Seabury Press, 1974); *Exaltation of Light*, edited and translated by Eliot Weinberger (Boa Editions, 1981); *This Same Sky*, edited by Naomi Shihab Nye (Four Winds Press, 1992); *The Tree is Older Than You Are*, edited by Naomi Shihab Nye (Simon & Schuster, 1995); *Twentieth-Century Latin American Poetry*, edited by Stephen Tapscott (University of Texas Press, 1996).

The original publication details of each book are as follows: *Los ojos desdoblados*. Mexico City: Ediciones La Palabra, 1960; *Antes del reino*. Mexico City: Ediciones Era, 1963; *Los espacios azules*. Mexico City: Editorial Joaquín Mortiz, 1969; *Ajedrez-Navegaciones*. Mexico City: Siglo XXI Editores, 1969; *El poeta niño*. Mexico City: Fondo de Cultura Económica, 1971; *Quemar las naves*. Mexico City: Editorial Joaquín Mortiz, 1975; *Vivir para ver*. Mexico City: Editorial Joaquín Mortiz, 1977; *Construir la muerte*. Mexico City: Editorial Joaquín Mortiz, 1982; *Imágenes para el fin del milenio & Nueva expulsión del paraíso*. Mexico City: Editorial Joaquín Mortiz, 1990; *El poeta en peligro de extinción*. Mexico City: El Tucán de Virginia, 1992; *Arzobispo haciendo fuego*, published in *Antología poética 1960–1994*. Mexico City: Fondo de Cultura Económica, 1994; *Tiempo de ángeles*. Mexico City: Fundación Cultural Televisa, 1994; *Ojos de otro mirar*. Mexico City: El Tucán de Virginia, 1998; *El ojo de la ballena*. Mexico City: Fondo de Cultura Económica, 2001.

"Antes" ("Before"), "El día que acaba" ("The day ends"), "Hay un río" ("There is a river"), "Y siendo de la sustancia" ("And being of the substance"), "Oh mi cuerpo" ("My body"), "Cuelgan las nubes como pechos" ("Clouds hang like breasts") and "Sueño con ver el rostro" ("I dream of seeing the face") in *Quemar las naves/ Burn the Boats* were not published in a book, but did appear in the original magazine and off-print publication of the series Exaltación de la luz / Exaltation of Light) in *Revista de la Universidad de México.*

'La matanza en el templo mayor' ('The Slaughter in the Main Temple') was first published in book form in the anthology *Obra poética 1960–1986* as part of *Quemar las naves*.

PREFACE

From *Eyes of a Double Vision* (1960) to *Eyes to See Otherwise* (1998), our task as editors has not only been to represent the manifold and evolving visions in the poetry of Homero Aridjis, but to feature the many poets in the one, who is a Homero – of Greek heritage, but Mexican birth and on a world-wide voyage for the verb – through the many celebrated poets who are his translators. We strive, in the early books, to capture the quickened sense of humanity and humour of a seer, whose sources range from Nahuatl chants and Huichol initiation songs to San Juan de la Cruz and Gongora.

Kenneth Rexroth's introduction to an earlier selection, *Blue Spaces* (1974), noted that of all his generation of poets, Homero Aridjis is the 'most at ease in the blue spaces of illumination – the illumination of transcending love'. However, from the late seventies on, the vision of Homero Aridjis has been landing firmly on the earth, to bear witness to things as they are, unblinkingly. And to counter the threat to those blue skies (which he never loses sight of), the seas and everything green and growing, he has become a troubadour of love for lost environments, a voice in the wilderness of Mexico City and Mexico. Our selections encompass the poetic fables and narratives of a storyteller who, in a campaign of music and the verb, has taken to the roads to restore the primal vision of the reader and the voice of nature. Here, the contribution of Brian Swann in the gathering of a preliminary manuscript has been of enormous help. He has set the standard for choosing poetry with as much power and appeal as any endangered species.

Finally, this Homeric almanac would be incomplete without the poems of the boy and man of Michoacán, whose mission and whose memories still stick close to home, his father's store and his mother's side in the town of Contepec, where, on Altamirano Hill, the Monarch butterflies over-winter each year. One significant alteration in the time, tides and weathers of these poems is important: the chronology of Homero Aridjis's personal history works in reverse; more poems of his beginnings and earliest insights occur more frequently in the later books. Our role has been to track the spiral of this spiritual thriller, personal and national anthropology, faithfully to its inception. The Homero Aridjis books obey a calendar; our selections are designed to give an overall sense of each book, but this diary without dates in verse is also a tale which we, as editors, have conspired with the poet to tell backwards until the poems see into the origins of our Mexican Homero, and the revelation that he and his world are vulnerable to powers of beauty as well as those of the ugly. His poet's eyes are always in danger of extinction; these, as editors, we are charged with preserving in the poems selected for this volume.

Betty Ferber and George McWhirter, 2001

Note: a number of the poems in this book do not have titles. The beginnings of these are marked by capitalisation of the first words, except in those poems in *Chess-Navigations* which begin with a lower-case letter.

EYES TO
SEE OTHERWISE
Ojos de otro mirar

Los ojos desdoblados (1960)

CIRABEL
llego siempre a tu aposento
con una confusión de bocas
y una zozobra de tiempo,
a traerte la ofrenda cotidiana
de mis manos huecas:
un montículo de ausencia
fundido en recuerdos cobrizos.
Más o menos
cuando la ceniza de la noche
se derrama sobre el brasero de tus pupilas,
igual que ante una ciudad inerme.
Anudado tu grito de silencio
no me dices nada,
– también en mis labios crece el musgo –
y nos contemplamos
como si no existieran nuestros cuerpos.

SOY lo que eres,
miro por tus ojos,
camino por tus pies,
me levanto sin peso en ti
y me sumerjo en tus aguas.
Solo conozco el sentido particular
que ha dado tu visión del universo.
Soy tu risa meridiana,
tus brazos flotando en el aire,
tus dedos
desgranando un tiempo
compuesto solamente del alba a la noche.
Soy tú, sin cuerpo,
presente en toda la tierra.
Tu historia es la misma que la mía,
desde la infancia siento a través de tus esporas
con los ojos ausentes.

The Eyes of a Double Vision

CIRABEL
I always come to your rooms
with a confusion of mouths
an anxiety of time
to bring you the daily gift
of my empty hands
a mound of absences
smelted into the coppers of memory
More or less
when the cinder of the night
spills over the brazier of your eyes,
as in front of an unarmed city
Knotted up, your cry of silence
tells me nothing
– moss is also growing on my lips –
and we contemplate each other, as if our bodies
didn't exist

(Note: 'Cirabel' was the first poem by the author to be translated into English.)

I AM what you are,
see with your eyes,
walk with your feet,
drift with no weight inside you
or let myself sink in your waters.
I know only the odd meanings
your view of the universe gives me.
I am your laughter at noonday,
your arms that float in the air,
your fingers
shelling the hours
 you place between morning and night.
 I am you, without body,
 present all over the earth.
Your story the same as my own,
 from childhood I feel through your spores
 with my absent eyes.

3

Antes del reino (1963)

ANTES del reino
de las aldeas flotantes
de los pies mensajeros
ya eras tú primera sombra
el presagio desatándose
en lenta destrucción de ángeles
ya eras la mano   y la espada
y el rostro   los dos rostros
y el cinturón que anuda los vientos contrarios

ya eras la ventana última
los ojos últimos
el incendio de luz
la noche sucia
con toses de enferma por las calles

eras tú misma
y tu doble atrás como un espía

Antes del reino
todavía no eras tú
sólo premonición
y ya eras la presencia
la señal como saludo
los cuerpos
la cópula cayéndose a pedazos

EPITAFIO PARA UN POETA

Antes de que las nieblas descendieran a tu cuerpo
antes del grumo de vacilación en los ojos de tu máscara
antes de la muerte de tus hijos primeros y de los bajos fondos
antes de haber equivocado la tristeza y la penuria
y el grito salvaje en el candor de un hombre
antes de haber murmurado la desolación sobre los puentes
y lo espurio de la cópula tras la ventana sin vidrios

Before the Kingdom

BEFORE the kingdom
of the floating villages
of the messenger feet
already you were the first shadow
the foretaste giving rein to itself
in a slow destruction of angels
already you were the hand   already the sword
and the face   both faces
and the belt that ties up the rough winds

already you were the last window
the last eyes
the burning of the light
the night befouled
with the coughs of a sick woman in the streets

you were yourself
and your double behind you like a spy

Before the kingdom
you were not yet you
only a premonition
and already you were the presence
the signal like a greeting
the bodies
the copulation falling into fragments

EPITAPH FOR A POET

Before the mists descended on your body
long before hesitations clotted in the eyes of your mask
before the death of your first sons and the lower depths
before a confusion of sadness and destitution
and the savage cry in the frankness of a man
before having murmured about desolation on the bridges
and the spurious coitus behind the window that had no glass

casi cuando tus lagos eran soles
y los niños eran palabras en el aire
y los días eran la sombra de lo fácil

cuando la eternidad no era la muerte exacta que buscábamos
ni el polvo era más verosímil que el recuerdo
ni el dolor era nuestra crueldad de ser divinos

entonces   cuando se pudo haber dicho todo impunemente
y la risa como una flor de pétalos cayendo

entonces   cuando no debías más que la muerte de un poema
eras tuyo   y no mío   y no te había perdido

CAE LA lluvia sobre junio
y los signos se contienen
en toda puerta que se colabora

Al fondo de ti ríen las doncellas

El espíritu de la mujer que ama
corre en tu cuerpo   se desnuda en las calles

No hay desengaño en este día
sólo una luz   fuego secreto
y un grito que se exorcisa adentro

En todo está el hombre
y el espíritu de la mujer que ama

La vida en los rincones
sostiene el equilibrio del mundo
con un algo de Dios que asciende de las ruinas

Los hijos del hombre hacen su universo
sobre un barco de papel que se destroza
pero la alegría no está precisamente ahí
sino en la proyección de otro universo

almost when your lakes were suns
and the children were words in the air
and the days were the shadow of what was easy

when eternity was not the exact death we were looking for
nor the dust more likely than memory
nor sorrow our cruelty for being divine

then when all could have been said with impunity
and laughter like a flower of petals falling

then when you owed nothing but the death of a poem
you were your own and not mine and I had not lost you

OVER the month of June the rain is falling
tokens posted
on every door that has a hand in the matter.

Deep in your heart the young girls laugh

The spirit of woman in love
runs in your flesh – strips off its clothes in the streets

No disenchantment in this day
only a brightness – secret fire
and within you a cry as of spirits laid to rest

In everything man
and the spirit of woman in love

Life in the corners
sustains the world's equilibrium
with a something of God that rises out of the ruins

The sons of man make their universe
on a paper boat that founders
yet happiness is not precisely there
but in the projection of another universe

Nada debe detenerse
volverá septiembre y después abril
y los amigos que no acudieron esta primavera
estarán con nosotros en un invierno previsible

Así he reencontrado imágenes perdidas
hogueras muertas de otras intemperies
y lutos tardíos por bienamados yertos

Amo este tiempo
donde los perros son sagrados
y los insectos titubean en los vidrios

Te amo a ti por efímera   por susceptible al frío

La ciudad se ilumina para nuevas proezas

Nothing should postpone its going
September will return and April later
and the friends that were not at our side this spring
these will be with us in a foreseeable winter

Thus I have come again on the lost images
dead bonfires from other seasons of bad weather
and mourning long delayed for the stiffened limbs we cherished

I love this time
when dogs are holy
and insects hesitate at the window panes

I love you – you as ephemeral – as suffering the cold

The lights of the city come on for further exploits

Los espacios azules (1969)

LO VERDE se hace azul a lo lejos
la montaña aparece como fruta quebrada

los barrancos se cubren por azules rizados
y por blancura que ha llovido del cielo

su bosque no se oye   su sexo no se abre
en piedras rojas y animales furtivos

el agua y la mañana que rodean la montaña
van por el valle azules y como un ave sin tiempo

EL DÍA separado por sus sombras
por las cosas quietas en un orden extraño
por el ruido que arranca la mirada
del verde en que vivía
avanza ligero en el misterio
de un vuelo que se propaga entre más sube

erigido por el ademán diverso
como una torre de luz y de ceniza
profundo hacia adentro de su propia blancura
absorbe toda huella   todo oro colérico
del seco mediodía que a él se inclina
atravesado por trozos de azul y puntas de aves

perfecto en la curva en que se dobla
brotando de su propio cáliz
ardiendo largamente en su pureza
como un vitral altísimo
a contra luz mirado
pone en la tierra una inmensa rosa de colores
borra la claridad para instaurar el reino
de aquello que irradia si se toca

Blue Spaces

GREEN turns blue with distance
the mountain looks like broken fruit

the ravines are covered with rippling blues
and with a whiteness rained from the sky

its forest is not heard   its sex does not open
in red stones and furtive animals

water and morning circle the mountain
and go blue through the valley like a bird beyond time

DAY parted by its shadows
by quiet things in strange order
by noise that uproots the glance
from the green in which it lived
advances lightly into the mystery
of a flight that spreads as it rises

erected by a varied
gesture   like a tower of light and of ash
deep within its own whiteness
absorbs all its tracks   all the angry gold
of the dry midday which bows to it
crossed by shards of blue and bird-points

perfect in the curve over which it bends
spouting from its own chalice
burning a long time in its purity
like a high stained-glass window
against the light
plants   on earth   an immense rose of colours
it erases clarity to inaugurate the kingdom
of that which glows if it is touched

LA NOCHE llena todos los arroyos
las ramas inclinadas y la arboleda misma

la bestia cintilante   la piel que la luz hace oír
el amarillo múltiple que brota en línea organizada
el quieto ruido verde sembrado de rápida existencia

el rayo fijo sobre cada lomo
la huella de la garra   que en el barro reposa como gesto
el animal ciego que tropieza
como si anduviera perdido en jaulas invisibles

el buey sin alas que se mueve
según el mecerse de las hierbas

el búho que vive clavado entre las horas
hasta que la muerte lo arranca como a una rama seca

el prodigioso saco como pera marchita
el vasto lienzo de la animalia húmeda
en el que verdes rojos y naranjas
y plumas y pieles luminosas
lentamente se secan

HAY FRUTOS que suben intensamente por la luz que los toca
y en el aire se encienden cayendo hacia el arriba

hay que maduros se derraman a izquierda y a derecha
en un borbotear ardiente de brillos en el árbol

hay que se cierran para que la luz no los abra
y se entregan al aire ligeros de sentidos

hay como vasos rotos   en su ruina espejean
y en sus pedazos se puede ver el fruto entero

hay los que la luz penetra y hace lucir en las alturas
los que no poseen ni una luz pero la luz de todo

hay esta lluvia que se convierte
en la cáscara y el jugo del fruto que humedece

NIGHT fills all the brooks
the bent branches and the grove itself

the glittering beast   pelt which the light makes audible
multiple yellow that flows in organized lines
the quiet green sound sown of swift existence

the fixed ray above each ridge
the track of the claw   like a gesture resting in the mud
the blind beast that stumbles
as if lost in invisible cages

the wingless ox that moves
according to the swaying of the grass

the owl living nailed between the hours
until death uproots it like a dry branch

the prodigious bag like a withered pear
the vast canvas of the damp animal kingdom
in which greens reds oranges
and luminous pelts and feathers
slowly dry up

THERE ARE fruits that climb intensely toward the light that touches them
and in the air they catch fire falling upward

there are those ripe ones that scatter left and right
in an ardent gushing forth of sparkles in the tree

there are those that close up so the light won't open them
and entrust themselves nimbly to the air

there are some like broken glass   they mirror in their ruin
and in their pieces one can see the whole fruit

there are those that the light penetrates and makes glow in the heights
those that do not have one light, but the light of all

there is this rain that turns to
the peel and the juice of the fruit that it moistens

MÁS RÁPIDO que el pensamiento va la imagen
subiendo en espiral en torno   adentro de tu cuerpo
como savia o túnica o hiedra de sonidos

Más rápido que el día va tu mirada
arrinconando horas y dejando ecos
nidos y palabras de la creación meciéndose

Más rápido que la imagen va la imagen
que te busca en el abismo de la luz que es sombra
y te halla visible en lo invisible
como alguien que viviendo brilla

Atrás y adelante del tiempo va la imagen
Adentro de la imagen va otra imagen
Más rápido que la velocidad va el pensamiento

AL FONDO de tu imagen no hay imagen
adentro de tu voz el sentido es delgado
el sol sale como una fruta de tu cuerpo

estás como una base quieta ceñida por manos agitadas
como alguien que ha reducido su egoísmo a aire
como un ser que por existir oscureció sus sombras

eres como un color
que para llegar a ser intenso disminuye en tamaño
como el que mira un río y recorre la tierra

el mundo en ti
es un vaso que el espíritu atraviesa

FASTER than thought is the image
climbing around a spiral   inside your body
like sap or a tunic or ivy of sounds

Faster than the day is your glance
cornering hours and leaving echoes
nests and words of creation stirring

Faster than the image is the image
that seeks you in the abyss of light that is shadow
and finds you visible in the invisible
like someone whose life shines

Behind and before time goes the image
Inside the image goes another image
Faster than speed is thought

AT THE bottom of your image there is no image
inside your voice the meaning is slender
the sun comes out of your body like a fruit

you are like a calm foundation encircled by fluttering hands
like someone who has reduced the ego to air
like a being who to exist darkened his own shadows

you are like a colour
that grows smaller to become more intense
like someone who looks at a river and flows over the earth

the world in you
is a glass the spirit passes through

POR ADENTRO subo
entre sombras avanzo

doncellas de tus ojos
brillan sobre los cuerpos

las puntas de tus pies
danzan bajo tu muslo

mil soles en tu alma
se propagan se aojan

para mirar un universo
que desde adentro alumbra

sobre tu piel hay voces
hundimientos   mujeres

tu tierra es una rosa
mecida por las aguas

TODO habla en lo oscuro
todo es bóveda y cuna
invisibilidad apretada

todo pierde su forma
todo pasa sonando

otra piel hace suya
la espiral que la lleva
con los ojos cerrados

su cuerpo es sólo aliento
es cólera gimiente
en enredados miembros
que mezclados no suben

su ser adentra sombras

el corazón la busca
sólo el deseo la tiene

INWARD I go up
among shadows I go forward

maidens of your eyes
shine over the bodies

the tips of your toes
dance under your thigh

a thousand suns in your soul
multiply become eyes

to look on a universe
that shines from within

over your skin there are voices
sinkings   women

your earth is a rose
rocked by the waters

EVERYTHING speaks in the darkness
everything is crypt and cradle
a tightening invisibility

everything loses its shape
everything makes sounds

another skin takes over
the spiral that carries her
eyes closed

her body is only breath
moaning anger
in tangled limbs
that do not rise twined

her being encloses shadows

though the heart seeks her
only desire has her

RÁPIDA maravilla es la luz
que sube baja de los montes
y por tu cuerpo cae
llena de ojos

Trémula bendición es
la que invisible llueve sobre tu corazón

la que deja en tus senos
brillantes puntos de oro de azul

la que te ha convertido en un largo rayo puro
en el alba

AMO esta forma moviente   este universo
este cuerpo del cuerpo

por su corazón   rojo santuario   la intensidad no cesa
el infinito quema en llama blanca

el amor cierra sus ojos   y los astros se encienden
como ciervos que saben la dirección del viento

amo esta corporeidad
esta abertura a mil soles y sombras

en sus manos sus árboles su espalda
siento la luz temblar sobre mis hombros

THE LIGHT is a flickering wonder
passing up and down the hills
and falling on your body
full of eyes

A trembling blessing
is that which invisibly rains on your heart

that which leaves on your breasts
brilliant points of gold and blue

that which has changed you into a long pure ray
at dawn

I LOVE this moving form   this universe
this body of the body

in her heart   red sanctuary   intensity never ceases
the infinite burns with a white flame

Love closes her eyes   and the stars are lit
like deer that know the direction of the wind

I love this corporeality
this opening to a thousand suns and shadows

in her hands her trees her back
I feel the light trembling on my shoulders

A LAS fuentes que llega
despeinadas curvadas
en líquidos rosales
que manando no cesan
deja el gusto y el gesto
que sus pasos esparcen
azulmente

movida en sus silencios
como el labio que tiembla
cuando la mirada siente
la luz que la rodea
su cuerpo es un pétalo
de la rosa del alba
en el aire que mece
cada hora nombrada
por el amor disuelto

tan delgada de aire
que cual humo se eleva
la iluminan dos lámparas
corazones prendidos
derramando su aceite

EL CABALLO que viene como fuego
el caballo   música de chispas
bebedor de distancia   relámpago murado

el caballo
fantasma o sol del instante que acaba

el caballo que vuela sobre el suelo

el caballo que arde
en la velocidad ritual de la animalia

el sol lo encuentra corriendo por el alba
ágil como un poema

COMING to the fountains
dishevelled twining
into liquid rose bushes
that flow without ceasing
it leaves its taste and the likeness
that its footsteps scatter
blue motion

moved in its silences
as the lip that trembles
when the glance feels
the light all around it
its body is a petal
of the rose of dawn
in the air that rocks
each hour named
for dissolved love

of air so slight
that as smoke it rises
two lamps light it
hearts caught
overflowing their oil

THE HORSE that comes like fire
the horse   spark music
distance drinker   lightning behind walls

the horse
ghost or sun of the instant just ended

the horse that flies over the ground

the horse that burns
in the ritual speed of the animals

the sun finds him running through the dawn
agile as a poem

LA PALABRA que nombra no revela ni oculta

bola de cristal en movimiento
arroja por doquiera sus sonidos

CADA onda es el agua

uno es el hombre

unidos van las hojas y el verde
las alas y el aire

los ríos son este Río

y sola va el arca por la noche

TODO quiere volar cuando Celina
en el templo de Basa abre los brazos
movida por la misma luz que a cada cosa
le aligera su peso

sustancia bondadosa el cielo
nos da la realidad y también el lago
es azul en su centro y poblado de astros

LA PUNTA de la llama se dora
en los signos que se abren en los cuerpos
el sentido empieza a vislumbrarse
en la flor que guarda con fidelidad su centro

y las imágenes se dibujan en el cielo
para que el hombre lea en ellas la vida

THE WORD that names neither reveals nor hides

crystal ball moving
it casts the sound of itself anywhere

EACH WAVE is the water

Man is one

Leaves and green go together
wings and air

rivers are this River

and the ark goes alone through the night

EVERYTHING wants to fly when Celina
opens her arms in the temple of Bassai
moved by the same light that lightens the weight
of each thing

kind substance the sky
gives us reality and the lake also
is blue in its centre and peopled with stars

THE TIP of the flame turns gold
in the signs that open in the bodies
the meaning begins to appear
in the flower that faithfully preserves its centre

and the images are drawn on the sky
so that man can read life in them

LA CARNE con olor a tierra
conoce la plegaria
contra los mensajeros de lo irreal

sombras sobre lo vivo la despiertan
para que no adore la bestia
ni los espectros coronados por el odio

cuando habla
abre un tiempo más infinito que ese que la quema

amo su temblor   su escalofrío
ahora y en la hora de mi muerte

APENAS coloreado
salta de la roca un pájaro
mujeres a la orilla del mar esperan
que el amanecer baje del aire
pero ya la luz
ha madurado en todos los caminos
como un fruto que no ha nacido de árbol

EL TIEMPO de la poesía
da un fruto de luz
que cae solo en la tierra
y tiembla sobre su sombra

EARTH-smelling
flesh knows the prayer
against harbingers of the unreal

shadows over the living waken it
so it doesn't worship the beast
nor hate-crowned ghosts

when it talks
it opens up a time more infinite than that which burns it

I love its trembling   its chill
now and in the hour of my death

IN FAINT colours
a bird leaps from the rock
women on the sea shore are waiting
for dawn to come down from the air
but already the light
has ripened on all the roads
like a fruit born of no tree

THE TIME of poetry
forms a fruit of light
which falls to earth
trembling on its shadow

VIENE el río bajo la lluvia

pasa entre árboles
cada gota lo abre

relámpagos hermosos
señalan el curso de sus aguas

su inmensidad es íntima

pesadamente se mueve
hacia la ciudad
que deja atrás sin irse

solo es divino

COMO cuando el cazador dispara a la bandada
unas cuantas aves quedan fijas en el aire
mientras las demás siguen volando
ella entre sus amigas se detiene

nubes grises bajo nubes claras visten el cielo
y como ríos que confluyen y entran y salen uno de otro
nuestros cuerpos se revuelven en el lecho común

y sobre ella o yo   no sé qué espuma soy qué onda
el sol sobre la espalda es leve

COMES the river under the rain

passes among trees
each drop opens it

beautiful lightning
points out the course of its waters

its immensity is intimate

heavily it moves
toward the city
and goes on without leaving

it alone is divine

As WHEN a hunter fires into a flock
a few birds stay fixed in air
while the others fly on
so she hesitates amongst her friends

grey clouds under bright clouds veil the sky
like rivers that join and mingle and flow on, one in the other
our bodies revolve in the common bed

and on her or on me   I do not know
what foam I am what wave

the sun on our backs is gentle

EL MEDIODÍA parte el arroyo
en delgadas mitades de sonido
saca del lomo de la bestia
crepitación y humo

todo lo que es húmedo
la hora lo ha bebido
todo lo que respira
en mi interior descansa

las casas y el árbol
tienen la oscuridad abajo
ojos de tierra roja
beben en el azul abierto

la luz y tu mirada
se hablan
sobre este río elevado
de palabras sin sombra

EL COLOR y el silencio helados
rodean el río de cuerpos y palabras
de una memoria que se retira en blanco

el rocío   rey de la hora
llena de ocres y naranjas
la lejanía de casas y de tierra

el árbol mece ojos y brumas
si mecerse puede en esta alba
donde el ritmo en el aire se congela

y tu vestido cuelga adelgazado
como si la joven que eres
se hubiera sumergido entre sus pliegues
lentamente secándose

NOON divides the stream
into slender halves of sound
forces from the beast's back
crackling and smoke

noon has drunk
everything that is moist
all that breathes
is at rest within me

the houses and the tree
have darkness beneath them
eyes of red earth
drink in the open blue

light and your look
speak to each other
across this rising river
of shadowless words

FROZEN colour and silence
surround the river of bodies and words
of a memory that recedes empty

dew   king of the hour
fills with oranges and ochres
the remoteness of houses and earth

the tree rocks eyes and mists
if there can be rocking in a dawn
where rhythm freezes in the air

and your dress hangs thinned out
slowly drying
as if the young girl you are
had withdrawn into its folds

OIGO
el paso de la luz sobre su piel
como en un reino apacible
sobre el que amado duermo

oigo
esta ascensión abrirla
interrogar en su desnudez
toda criatura y toda voz

ella
hace
caminos en el agua

EL ARCA

Hay pájaros que llevan en sus alas
el verde de la hoja y el ocre de la piedra
bestias azules que visten en sus franjas
jirones de halo o nube donde aún reina el día

leones que a su paso dejan
huellas de garra y espigas amarillas
caballos que ya inmóviles tiemblan
en un silencio que parece saltar

una fauna de furia que ha brotado
del trigo del sol y del otoño
una alegría de formas de sonidos de colores
meciéndose y sonando entre claros de luz

una creación en movimiento
que juega en el esplendor de la animalia pura
y navega armoniosamente por el alma
de esta arca de lo vivo

I HEAR
the passage of light on her skin
as in a peaceable kingdom
on which I am sleeping and loved

I hear
this ascent open her
question in her nakedness
all creatures   all voices

she
makes
roads on the water

THE ARK

There are birds who bear on their wings
the green of the leaf and the stone's ochre
there are blue beasts flaunting in their stripes
shreds of halo or cloud where day still reigns

there are lions who scatter in their wake
claw-tracks like yellow ears of wheat
horses trembling in immobility
in a silence that seems to leap

fauna pricked to madness that has sprung
from the wheatfield the sun and autumn
a joy of shapes sounds and colours
swaying and clamouring in patches of light

a whole creation moving
playing in the splendour of animal purity
sailing harmoniously through the soul
of this ark of the living

Las voces que soplaron en el aire
formaron en el aire una ciudad
las lluvias que subieron y bajaron
formaron en los lagos nubes de cristal

los sonidos que siguieron caminos cardinales
llevaron ruiseñores y sueños y olas hasta Dios
y los que no yacieron en hogares del viento
cantando se apagaron en sus nidos veloces

los colores que cayeron   rojos y amarillos
salieron de adentro y de afuera de las cosas
pintaron el puente la pradera y el páramo
con su tiempo su alma y su temperatura

los pájaros que volaron de las voces
hicieron un techo de alas y azul

los nueve frutos en los que los colores se metieron
fueron vírgenes musas y virtudes

y los sonidos los colores las virtudes
formaron en el aire una ciudad

Azules entre frutos oscurecen de noche
pero a azules y a frutos la semejanza guarda

sin edad son las cosas que de oscuro reunidas
cansadas por sus sombras no se mueven

los cuerpos y los valles que separados duermen
sobre la tierra en gloria la imagen los concilia

caballeros errantes las palabras
son fieles al amor con que han nacido

THE VOICES that breathed into the air
built, in the air, a city
the rains rising and falling
made clouds of crystal in the lakes

sounds travelling to the four points of the compass
bore dreams and waves and nightingales to God
those who did not lie in the caves of the wind
were snuffed out singing in their swift nests

colours that fell   reds and yellows
coming from inside and outside
painted the bridge the prairie and the plain
with their time   their soul   their warmth

the birds that flew up from these voices
made a roof of wings and blue

and the nine fruits which the colours entered
were virgins muses and virtues

and the sounds   the colours   the virtues
built a city in the air

BLUES among the fruit darken with night
but likeness preserves the blue and the fruit

things reunited in the dark are ageless
exhausted by their shadows they do not move

bodies and valleys that sleep apart
the image on the earth in glory unites

knights errant   the words
are faithful to the love with which they were born

EL PÁJARO retratado a punto de volar
queda para siempre inmóvil
con las patas sobre el verde trémulo
y la cabeza en el azul del aire

atrás de él
un puente está volando
nidos y colibríes reposan
como gotas de luz
en la punta de un árbol

EL DÍA se rompe
y en los umbrales   levantando los pies
su aparición se borra

y el hombre que entra al lago
es una pieza solitaria
en un tablero de ajedrez oscuro

EL PÁJARO en el aire es fuego

plumas que se le caen son vida
de un verde infinito de colores

cuando salga visible entre sus llamas
todos los pájaros de la tierra mueren

THE BIRD pictured just about to fly
remains motionless forever
with its feet on the quivering green
and its head in the blue of the air

behind it
a bridge is flying
nests and hummingbirds rest
like drops of light
in the top of the tree

DAY breaks up
and on thresholds   lifting its feet
effaces itself

and the man who enters the lake
is a single piece
on a dark chessboard

THE BIRD in the air is fire

its feathers that fall are life
of a green of infinite colours

when it becomes visible among the flames
all the birds of the earth die

WHITE CASTLE

Vuelves a tu castillo después de siglos
la soledad que ahí reina es tu mujer
la arena hace dunas
y las ventanas son anchas largas puertas

los conductos por donde el agua iba
traen la sombra la humedad
cuervos y gaviotas se oyen en las torres
el tiempo ha hecho espacios en los muros
el bronce ha perdido sus cráneos y el dios sus brazos

Estas que aquí se ven   ruinas sonoras
ligeras fueron en su tiempo y oídas
la luz bajaba por sus muros verde
llegando al agua y al cuerpo de los vivos

huella de ciervo luminoso ha sido
el corazón que amó la llama y la sangre
de lo efímero   que como hiedra rota
en su ascensión sobre la piedra queda

Donde pasó lo oscuro vuelve a salir la hierba
la raíz afloja por debajo el suelo
el sol es un halcón sobre las ruinas
y las ramas del árbol empujan el muro
e inclinan el techo hacia las rocas

en las ventanas hay nidos
y en los huecos ojos imperceptibles
nos siguen entre la cal y el polvo
y de donde el amor dormía
sale volando un pájaro

You come back to your castle after centuries
the solitude that reigns there is your wife
the sand is drifted into dunes
and the windows are long wide doors

the conduits where once the water went
bring shadow and moisture
crows and gulls are heard in the towers
time has opened spaces in the walls
the bronze has lost its skulls and the god his arms

Those that are seen here   echoing ruins
in their time were light and were heard
the light came down green along their walls
reaching the water and the bodies of the living

hoofprint of a luminous deer
was the heart that loved the flame and blood
of the ephemeral   and remains
like broken ivy still climbing the stone

Where the dark passed the grass grows again
the root loosens the floor from beneath
the sun is a falcon over the ruins
and the tree branches push on the wall
and tilt the roof toward the rocks

there are nests in the windows
and imperceptible eyes in the holes
follow us between lime and dust
and from the place where love used to sleep
a bird comes out flying

No ERA el tren que venía   era el viento
que zumbaba en el aire como una lámina
era una larga procesión de pobres
con las manos entrelazadas caminando

el tronco torcido   la madera hecha nudo
el color hecho llama   la llama curtida
vuelta piel   vuelta ojos
eran esas sombras vestidas de más sombras
esos seres de los que colgaba el hombre
como un ocre en una tela deslavada

LA PALABRA

lleva el sol
lleva la virgen

lleva el pan
la comunión
y lo que invoca

es la dominadora
la que junta

vive en muchas moradas
entra en muchas formas

sopla desde el fondo del agua
silenciosa

sube de todas partes
quema y nombra

IT WASN'T the train that was coming   it was the wind
that hummed in the air like a blade
it was a long procession of the poor
travelling hand in hand

the trunk twisted the wood knotted
the colour made into flame   the flame tanned
and turned into skin   turned into eyes
they were those shadows dressed in more shadows
those beings on whom manhood hung
like an ochre on a faded cloth

THE WORD

raises the sun
raises the virgin

raises the bread
the communion
and what it invokes

it's she who rules
she who brings together

lives in many dwellings
enters many forms

blows from the bottom of the water
in silence

rises from everywhere
burns and names

AGUA cae sobre agua

sauce suena de lluvia   tierra suena

el río avanza sonando   piedra cae hueca

nube
como sobre un tambor arriba
el sol toca

EL RÍO por el valle tiene fondo
y por el monte es aire

rayo de sol
serpenteando
deja tras de sí sombras transparentes

y el hombre
aunque pobre en el mundo
vestido va en su desnudez de luz

VOY A las barcas de la soledad
donde el hombre se refugia de noche

en ese refugio puro
nada se mueve más rápido que el sueño

montañas ríos y árboles sagrados
protegen el camino de los hombres perdidos
y un sólo aliento ritmado da calor a las sombras

y entre los seres que el deseo hace venir soy libre
y acaricio las tinieblas como una rama al agua

WATER falls against water

willow echoes with rain   earth echoes

river flows echoing ahead   stone falls hollow

cloud
like a drum up above
sun is beating

THE RIVER has depth through the valley
and is air on the mountain

beam of the sun
snaking
leaves transparent shadows behind it

and man
though poor in the world
goes dressed in his nakedness of light

I'M GOING to the boats of solitude
where a man takes refuge at night

in this pure refuge
nothing moves faster than the dream

mountains rivers and holy trees
protect the road of the lost men
and a single rhythmic breath warms the shadows

and among those beings called by desire I am free
and I caress the darkness as a branch caresses the water

SALIR de la mujer es separarse

el cuerpo dueño de sí
lleva su novedad y es una llama

mira tu corazón ser devorado
en una bola de fuego en una nube

mira la cara lisa de la madre de piedra

mientras que bajo el sol por la montaña
la tierra es una intemperie luminosa

To EMERGE from a woman is to become separate

the body its own master
wears its newness and is a flame

watch your heart being devoured
in a ball of fire in a cloud

watch the smooth face of the stone mother

while under the sun on the mountain
the earth gleams naked

ríe con los ojos con las manos
ríe entero
lo que importa es el ser
el cuerpo riendo

CREACIÓN

abrió los ojos y salió el cuervo salió el bisonte salió la luna
salió el viento salió la nube salió el árbol salió la nieve etc.
salió el hombre salió la estrella salió la planta salió el
venado salió la piedra etc. salió el delfín

y sigue

trabajo innumerable contar los rostros y los cuerpos que
   se desprenden de ti mismo
trabajo innumerable contar a los otros que en ti mismo
   mueren y renacen
trabajo innumerable ser esta luz que cae rápida a la tierra
   y después encarnada quiere volver al sol

era tan vasta la mujer de mi sueño que tenía en la espalda
una puerta de la cual yo tenía la llave   y hacía entrar mi
amor por ella y sobre su escalón único nos sentábamos y
conversábamos y nos amábamos mientras ella dormía

Chess-Navigations

laugh with eyes with hands
laugh all over
what counts is this being
the body who laughs

CREATION

he opened his eyes and the crow came out the buffalo
came out the moon came out the wind came out the cloud
came out the tree came out the snow came out etc. the
man came out the star came out the plant came out the
deer came out the stone came out etc. the dolphin came
out

　　　　　　　　　　　　　　　　　　　　　　and so on

an endless job to count the faces & the bodies that emerge from you
an endless job to count the others in you dying & reborn
an endless job to be this light that falls to earth too quickly
and afterwards incarnate seeks reunion with the sun

she was so vast the woman in my dream that she had a
door in her shoulder whose key I held   and made my
love for her go into her and on her one stair we sat down and
talked together and made love to each other while she slept

todas las noches antes de dormir él sacaba de adentro de
sí 2 o 3 amigos 1 pariente 1 casero 1 policía muchos
anuncios   1 sapo una araña una vieja 1 cuarto oscuro en
el acto que llamaba vaciarse para aligerarse

SUEÑO DE RECOMPOSICIÓN

había pasado ya más de una semana y el cordero que me
había comido hacía *be* aún dentro de mí por lo cual debí
sacarlo y pegar el corazón con las demás partes de su
cuerpo y ponerlo a pacer en el campo verde junto a una
hembra de su especie

descubrí el ojo en el muro por el cual el cuarto está
alumbrado día y noche
y descubierto sigue alumbrándome como si yo estuviera
adentro de una gran cabeza y sin cesar trajera hacia mí
lo que ve del otro lado   cada pájaro cada piedra cada
casa cada nube cada estrella cada anuncio cada sombra
cada soledad cada rostro cada cambio de luz cada hoja
y todo es digno de verse pero no puedo dormir

hay una mano en mí
que cuando me caigo en sueños rápidamente me salva
del abismo por el que me precipito y me pone sobre la
cama suavemente y otra vez vuelve a ocultarse

él tenía un planeta azul en su cuarto del tamaño de una
naranja   y suspendido en el aire día y noche giraba en
torno de su cabeza   hasta que una mañana bañado de luz
se hizo invisible

every night before sleep he took from inside him 2 or 3
friends 1 relative 1 landlord 1 cop many ads   1 toad a
spider a crone 1 dark room in the act he called emptying
himself to grow lighter

DREAM OF RECOMPOSITION

a week had gone by already & the lamb that I had eaten
still went *baa* inside me for which I should have yanked
it out & glued its heart to the other parts of its body & set
it to graze in the green field beside a female of its species

I discovered the eye in the wall that lights up this room
day & night
& discovered keeps lighting me up as if I was inside a
great skull and doesn't stop bringing me what it's seeing
on the other side   each bird each stone each house each
cloud each star each ad each shadow each solitude each
face each change of light each leaf
& all of it worth seeing but I just can't sleep

there's a hand inside me
& when I fall in dreams it quickly plucks me
from the abyss down which I throw myself & sets
me gently on the bed and goes into hiding again

he had a blue planet in his room the size of an orange
which went round and round his head day and night until
one morning bathed in light it became invisible

él tenía un cuarto de silencio   sin techo ni suelo ni
paredes   al que sólo su mirada entraba
pues su pensamiento en él hacía demasiado ruido

Descomposición con risa

le quitan las orejas
le sacan los ojos
le quitan los brazos
se llevan su pecho
le desaparecen la cabeza
le quitan el tronco
lo desaparecen completo
y se queda riendo
y sigue riendo
e invisible
ríe a lo lejos

es el caballo blanco que corre todo el día por la sangre y al
atardecer se borra de la cabeza como si fuera la última
claridad de lo fantástico
es la planta   a medias azul y a medias transparente   de
la que brotan las formas que luego caminan o que vuelan
es el león blanco   que nace y muere en el sueño resplan-
deciendo sin sombra
es la luna de abril o de la mirada abierta que en la noche
al cerrar los párpados es como un ojo en tus pensamientos
y es este punto moviéndose en la plena negrura que al
tocar ciertas partes del cuerpo te hace ver fugitivamente
a Alguien que se mueve en ti mismo

he had a room for silence   no ceiling no floor no
walls   only his glance went in   since his thoughts
made too much noise there

DECOMPOSITION WITH LAUGHTER

they pull off his ears
they pluck out his eyes
they pull off his arms
they pry out his chest
they fade out his head
they pull out his trunk
they fade it all out
& he stays there laughing
& he keeps on laughing
invisible
laughs far away

it's the white horse who runs through the blood all day
and at dusk blurs from the mind like the last gleam of
the fantastic
it's the plant   half-blue half-transparent   from which
bud shapes that walk or fly
it's the white lion   born and dead in a dream shining
without shadow
it's the moon in April or an open look which at night
when lids are closed is like an eye on your thoughts and
it's this point moving in total blackness which touching
certain parts of your body lets you glimpse Someone who
moves inside you

no se sentía bien   en realidad nunca se sentía bien
y se había acostumbrado a no estarlo como otros se
acostumbran a estarlo
     pertenecía a esos seres para los que vivir es un cons-
tante desacomodo un continuo salir de sí hacia la omni-
presente molestia
     y no están bien con mujer y sin mujer   con amigos o
sin amigos   con familia o sin familia   comiendo o con
hambre   en la ciudad o en el campo
     en su país o en otro país   solos o acompañados
moviéndose o inactivos   etc.

él tenia una copa en la que guardaba un alga
y diminutos delfines que al contacto de la luz despertaban
y tenía un tubo de vidrio por el que soplaba y hacía en
el aire puntos azules e insectos blancos
y tenira un bastón al que se le daba vueltas con un dedo y
se alargaba se alargaba   hasta que dirigido hacia la noche
se veía a través de él un rostro en gloria en el centro de
una estrella   y en el rostro un ojo único que nos dormía
siempre a la primera mirada

el viejo antes de dormir cuenta a sus amigos   y a menudo
en la noche despierta asustado pensando que le falta otro
y hay mañanas en que realmente le falta otro
y más encogido y más solo se siente   y a persona o cosa
que ve le dice adiós con los ojos

y ahí en su silla atraviesa los días como el pasajero único
de una barca crujiente en un mar tempestuoso

he wasn't feeling well   in truth he never felt well
and he'd gotten used to not being well
as others get used to being well
he belonged to those people for whom life is a constant
inconvenience a perpetual going out of oneself into omni-
present trouble
and who aren't well with wife or without   with friends or
without   with family or without   eating or hungry
in the country or in town
in their own land or in another   alone or together with
someone active or inactive   etc.

he had a wine-glass in which he kept algae
and tiny dolphins who awoke when the light hit them
and he had a glass tube through which his breath made
blue spots and white insects in the air
and he had a cane that he twirled with one finger and it
grew longer and longer   until pointed towards the night
he saw through it a blissful face in the centre of a
star   and in the face a lone eye which always put us to
sleep at first glance

the old man counts his friends before falling asleep and
often awakes in the night afraid thinking that one is missing
and some mornings one really is missing
and he feels more shrunken and alone   and he says good-
bye with his eyes to everyone or thing he sees
and there in his chair he crosses the days like the only
passenger in a creaking ship on a stormy sea

casi al amanecer me despertó el 4   sonaba muy fuerte y
estaba borracho y se contorsionaba y me hacía pruebas de
equilibrio   luego cuando ya me había acostumbrado a
verlo llegó el 3 muy verde y se tomaron del brazo y
danzaron y se acariciaron sacando de sus delgadeces música
y cuando ya me preparaba a recibir al siguiente se metieron
uno en otro y se volvieron un 1 pálido que se fue borrando
al paso del alba

mi ser va al canto cada día
como a una casa de deseo
que va siendo cada día
más su casa

Y fiel   presérvame
llévame a tu tiempo de luz
el día que se va ha de volver mañana
pero yo si me voy no he de volver

soy estos ojos
esta boca
este ser
presérvame

el trigo el árbol los cuerpos
duran para siempre
en ti
en mí
en los hombres
pero yo si me voy no he de volver

just about at dawn the 4 woke me up with a lot of noise
    and he was drunk and threw himself about and wanted
to show me he could walk in a straight line   then when
I'd gotten used to seeing him no. 3 arrived very green and
they took each other by the arms and danced and fondled
each other making music out of their thinness
    and when I was getting ready for the next one they got
into each other and became a pale 1 which faded as dawn
came

                    my being goes into the song each day
                    as into a house of desire
                    that each day becomes
                    more of its home

          And faithful   preserve me
          take me to your light time
          the day goes and must come back
          but I   if I go   I need not come back

          I am these eyes
          this mouth
          this self
          preserve me

          trees   wheat   bodies
          endure
          in you
          in me
          in man
          but I   if I go   I need not come back

HOMBRE

sin nombre fluye por la noche
con mujer sauce y perro

mirando el cuerpo de los otros
y su cuerpo fluye

en compañía de gritos
y de sombras fluye

y triste y amado
bajo el aire fluye

Man

without name flows through the night
with willow dog and woman

watching the others' body
his body flowing

among screams
and shadows flowing

loved   sad
beneath the air flowing

El poeta niño (1971)

PREGUNTAS

he de acabar dormido oyendo a Bach
como el señor que duerme en los conciertos
fatigado su día por cuentas y horarios
y cansada su noche por un espectáculo?

he de ser como aquel comerciante
que por la clausura de su negocio
desempleado de sí
se siente morir?

o he de ser como el enfermo
que absorto en sus molestias
no oye las señales
que el infinito manda?

o como el portero
que abre y cierra las puertas de los otros
y sin fijarse en su propia casa
ha dejado su alma descuidada?

o seré siempre esto que soy
un hombre de palabras?

PUENTE

un salto
de las piedras gastadas

en sus extremos
el comienzo y el fin
van hacia el centro
y se alejan del centro
como en una cuerda

The Boy Poet

QUESTIONS

must I end up dozing to Bach
like the gent who snoozes at the concert
his day weary with schedules and bills
his night exhausted at a show?

must I be like that businessman
whose office shuts down
and now unemployed
thinks he's about to die?

or must I be like the sick man
who absorbed in his symptoms
does not hear the signals
sent from infinity?

or like the doorman
who opens and closes the doors of others
without noticing in his own house
he has left his soul neglected?

or be always this that I am
a word man?

BRIDGE

a leap
of worn
rock

its extremities
beginning and end
move toward the centre
and recede from the centre
like a rope

cuándo
su materia geométrica
de aburrida largura
y de gris duración
se deshará en el agua
como templo en el polvo?

acaso
el hombre
sobre su punto arqueado
es la flecha
hacia el infinito?

puente
aire petrificado en curva
sobre el río tinto en sueños

when
will this geometric matter
of tedious length
and grim endurance
dissolve in the water
like a temple in the dust?

perhaps
the man
at the arc's peak
is an arrow
pointed
at infinity?

bridge
bowed air frozen over
the inky river dreams

Quemar las naves (1975)

EXALTACIÓN DE LA LUZ

Si una vez al año la casa de los muertos se abriera, y se les mostraran a los difuntos las grandes maravillas del mundo, todos admirarían al Sol, sobre las demás cosas.
Marsilio Ficino, *De Sole*

ARROJA luz
tus ojos sobre nuestros cuerpos
que nuestras manos no pesen al moverse
ni nuestra muerte importe
sobre tu tierra de semillas azules
Cúbrenos luz con tus miradas

*

A NOSOTROS hombres de los llanos
que venimos de los tiempos remotos
zarpando siempre
caminando siempre
y aún viejos y enfermos
salimos a cada instante de viaje
dános oh Dios un lugar donde vivir
a nosotros hombres cansados

*

RUYSBROECK

en el Valle Verde
en la oscuridad
toca apenas
su rostro sagrado

como una luz
su mano
elevándose en signo
ilumina a los otros

Burn the Boats

EXALTATION OF LIGHT

*If once a year the house of the dead were to open, and the shades shown the great
wonders of the world, they would admire, most of all, the Sun.*
Marsilio Ficino, *De Sole*

> LIGHT cast your eyes on our bodies
> that our hands moving be weightless
> that our deaths not matter
> in your land of blue seeds
> Cover us light with your glances

*

> TO WE men of the plains
> come from far-off times
> sailing always
> moving always
> and though old and sick
> always setting out to travel
> give us oh God a place to live
> we are tired men

*

RUYSBROECK

> in the Green Valley
> in the darkness
> barely touches
> his sacred face
>
> like a light
> his hand rises
> a sign
> illuminates the others

su cuerpo es transparente
y en su interioridad
los pensamientos se mueven
como llamas blancas

en torno
el día comienza o acaba

y la alegría
como un paraíso
que el instante difunde
se dirige a todos

*

Es UN tocón el tilo
por el que cuando niños
hablábamos con Dios

despintadas están las paredes
del cuarto en que nuestros padres
parecían sin edad

la carcoma trabajó la madera
de la ventana perpetuamente azul

y el pan de lo eterno
fue consumido por el moho

la siempre luz presente
abre hoy nuestros ojos

y como entonces Dios
está en el día siguiente

*

ESTAS piedras
como huevos en nidos
metidas en la tierra

estos árboles

his body is transparent
within
thoughts move
like white flames

around him
the day begins or ends

and joy
like a paradise
the instant diffuses
reaches all

*

A STUMP   the linden
where as children
we used to speak with God

the walls now peeling
in the room where our parents
once seemed ageless

dry rot has wrecked the wood
of the perpetually blue window

and the bread of the eternal
has been eaten by mould

today the light
that was always here
opens our eyes

now as then   God
is in the following day

*

THESE stones
placed on the earth
like eggs in a nest

these trees

junto a nosotros
floreciendo

esta llanura donde soy libre
y sobre la cual el sol
parece haberse acostado para siempre

estos rayos o soplos
que no siguen
más que su propio ritmo

este converger de seres y de cosas

este presente de todos
esta ruina

*

HERIDO de tiempo
el poeta muere

en un sueño de espacio
su corazón despierta

libre de los esplendores
del cuerpo y de sus ruinas

tiritando en la luz
como tiniebla al alba

*

EL QUE teme morir siente que su tiempo acaba
y viendo el amanecer no sabe si su sol se pone
pues entre la fiesta de la luz hay signos
para él solo sangrientos
y detrás de las voces y el ruido
él solo oye el silencio individual y torpe
una doncella indescifrable lo enamora
con un rostro que entre tanta claridad es oscuro

*

near us
flowering

this plain where I am free
where the sun
seems to have stretched out forever

these rays and gusts of wind
following only
their own rhythm

this convergence of beings and things

this present of all
this ruin

*

WOUNDED by time
the poet dies

his heart wakes
in a dream of space

free of the splendours
of the body and its ruins

trembling in light
like the half-gloom of dawn

*

HE WHO is afraid to die feels his time stop
and watching the dawn does not know
if his own sun is setting
then in the festival of light   signs appear
for him alone   bloody
and amid the noise and the voices
he alone hears the distinct and heavy silence
an indecipherable maiden makes love to him
her face amid such clarity   full of shadow

*

ANTES
bastaba apenas
que cayera la lluvia
para que sintieras tu ser
dar el poema

apenas despierto por el sol
volabas
en un lecho de luz

azul
tu corazón
no tenía edad
y sobre la ruina
de los días
tu voz duraba

*

BUENOS DÍAS a los seres
que son como un país
y ya verlos
es viajar a otra parte

buenos días a los ojos
que al abrirse han leído
el poema visible

buenos días a los labios
que desde el comienzo han dicho
los nombres infinitos

buenos días a las manos
que han tocado las cosas
de la tierra bellísima

*

BEFORE
merely the rain falling
sufficed
to feel yourself
making the poem

barely woken by the sun
you'd fly
in a bed of light

blue
your heart
was ageless
and your voice
above the ruin of the days
would last

*

MORNING to the beings
that are like a country
seeing them now
is to travel to another place

morning to the eyes
that upon opening have read
the visible poem

morning to the lips
that from the beginning have spoken
the infinite names

morning to the hands
that have touched the things
of the beautiful earth

*

HAY SERES que son más imagen que materia
más mirada que cuerpo

tan inmateriales los amamos
que apenas queremos tocarlos con palabras

desde la infancia los buscamos
más en el sueño que en la carne

y siempre en el umbral de los labios
la luz de la mañana parece decirlos

*

A UN TILO

Esta hora
extenúa lo mismo
al aire y a los hombres

bajo tu sombra
pienso en seres
y en un país

y siento
que si fuera árbol
me gustaría ser como tú

recuerdo indeciblemente
la vieja lengua que habla
con bestias y con árboles

y nos siento juntos
en la misma mañana consagrada

*

THERE ARE BEINGS that are more image than matter
more look than body

so immaterial   we love them
scarcely wanting to touch them with words

from childhood we look for them
more in dreams than in the flesh

and always at the tongue's tip
the morning's light seems to say them

*

TO A LINDEN

This hour
wastes
air and men

beneath your shade
I think of beings
and of a country

feel
if I were a tree
I'd be you

I remember   inexpressibly
the old tongue that speaks
with beasts and trees

and we unite
in the same consecrated morning

*

PÁJAROS bajo la lluvia
son breves relámpagos oscuros
que a la caída de la tarde vuelven
al árbol de la vida

y sauce higuera o pino
cada árbol que la luz descubre
en la humedad de las sombras
es árbol de la vida

*

EL DÍA que acaba
extiende sobre el suelo
historias milenarias
para que el que lee las sombras
vea por un momento
el cuento de los tiempos

pájaros muertos en la tarde
son como raíces
que atravesaron siglos
para ser ahora
un poco de polvo

y el niño de los hombres
es como una estrella
que habla con los ojos
de seres infinitos

porque hay poemas
en cabezas y pechos
como sangre misteriosa
en el cuerpo de los hombres

y para aparecer
Dios toma a veces
los rayos de luz de la mañana

*

BIRDS in the rain are
brief dark flashes
that flock at day's end
to the tree of life

and willow fig or pine
each tree the light reveals
in the damp of the shadows
is the tree of life

*

THE DAY ends
spreading millennial histories
out over the earth so that
he who reads shadows
may see in a moment
the story of the times

dead birds in the late day
like roots
have crossed centuries
to become
a little dust

and the child of men
like a star
speaks with his eyes
of infinite beings

because within
there are poems
like mysterious blood
in the body

and in order to appear
God takes at times
the rays of light
from morning

*

HAY un río
que corre al mismo tiempo que este río
la mirada lo atraviesa
como ave que se hunde
en un espacio blanco

moviéndose en sus luces
parece no moverse
siempre volando
en una claridad presente
que será y que fue

a cada instante se va al olvido
con seres y flores del jardín terrestre
y palabras que suben a lo alto
dichas aquí

*

Y SIENDO de la sustancia del misterio
nuestro ser abre los ojos
para ver la inmensidad sagrada

y el espacio
entra a nuestra alma
en el instante mismo en que lo vemos

mientras el sol
pone sus rayos
sobre las nubes tercas de lo efímero

y mi mano
hace en el aire un signo
movida por el ser entero

*

THERE IS a river
that runs as this river runs
a look crosses it
like a bird dissolving
in white space

its lights moving
it seems motionless
always flying
through a clarity of a present
that was and that will be

each moment it flows to oblivion
with beings and flowers from the earthly garden
and the words that lift to the heights
spoken here

*

AND BEING of the substance of the mystery
our being opens its eyes
to see the sacred immensity

space
enters our soul
at the moment we see it

while the sun
sends its rays out
over the obstinate clouds of the ephemeral

and my hand
makes a sign in the air
moved by this whole being

*

OH mi cuerpo
horas funestas te llevan hacia el fin

y sobre lo inevitable que te lleva
quisieras pararte unos segundos

a rescatar algunos seres
y demorar algunos actos de amor

pero tu deseo es irrealizable
oh mi cuerpo

y tu sombra
en este valle de muertes
no tiene porvenir

*

CUELGAN las nubes como pechos

gorriones sobre una rama seca
parecen más pequeños en la tarde

hojas de muchos árboles
rodando por el suelo
llevan en su nervadura al árbol

todo se está diciendo *va a llover*

el canto del día terminará mojado
en Contepec azul

*

My body
grim hours carry you to the end

and though you'd like to stop
a few seconds
before the inevitable

to rescue a few beings
to stay some acts of love

my body
your desire is impossible

your shadow
in this valley of the dead
has no future

*

Clouds hang like breasts

sparrows on a dead branch
seem smaller in the afternoon

leaves from many trees
swirling on the ground
tree-shape in their ribs

everything is saying *it's about to rain*

the day's song will end   drenched
in blue Contepec

*

ESTOY bien aquí
en el tiempo de mi espíritu

frente a esta alta montaña
que es un pensamiento muy alto
y como seno de luz
se ha cristalizado

viendo avanzar el poema en sus palabras
y hacer el amor
como un fruto espiritual del día de todos

girando sobre mi propio centro

mientras la leona hace sus leones
la poesía sus formas
y la higuera sus higos

*

VEN POETA ancestral siéntate
sacude las sombras de tu boca
y quita de tu traje las tinieblas

ven a esta mañana
que parece durar por siempre
y apareciendo
parece ya antigua
y como eterna

ven a esta montaña
que yergue sus picos blancos
como pensamientos puros

a este río
que sale de la oscuridad
y va a la noche
atravesando el día
como un dios blanco

ven a este momento
y da a las cosas que se van un verso ahora

*

HERE I am well
in the time of my spirit

facing this mountain
a high thought that
like a breast of light
has crystallized

watching the poem progress through its words
and love born
like a spiritual fruit from the day of all

turning on my own pivot

while the lioness creates her lions
the poem its forms
and the fig its fruit

*

COME ancestral poet   sit
take the shadows from your mouth
and shake the darkness from your clothes

come to this morning
that seems to last forever
just appearing
seems ancient
almost eternal

come to this mountain
that raises its white peaks
like pure thoughts

to this river
that flows from darkness
into night
crossing the day
like a white god

come to this moment
and give these things that are leaving
a verse now

*

VOY viajando
sentado, caminando, inmóvil voy viajando

por la casa, por la hora, por el río
por el cuerpo que viaja voy viajando

por montañas y lechos y miradas
hacia el sol   hacia el aire

por barro misterioso al infinito

no dejo de viajar

*

ESTA llama que asciende
ni caliente ni fría
desde su copa vuelve a la tierra
su bendición de rayos

tal vez es un canto
o una letra visible
este árbol presente
con sus muchas vertientes hacia el cielo

espíritu del bosque
señor entre las flores
este hijo de la tierra y del agua
es el aire visible

y aun con las ramas apuntando al suelo
asciende a lo sagrado

esta luz
este árbol

*

ENTRE palabras camino del silencio

hasta acabar la tinta escribir versos

ahora que sé
que mi canto acabará en la noche
con mi cuerpo

*

I'M travelling
sitting, walking, motionless I'm travelling

through the bed, through the hour, through the river
I'm travelling through the body that travels

through mountains and looks and beds
to the sun   to the air

through mysterious clay to the infinite

I never stop travelling

*

THIS flame
rising neither hot nor cold
from its crown delivers to the earth
a benediction of rays

perhaps it is a song
or a visible letter
this tree
with its many slopes
to the sky

spirit of the forest
lord among flowers
this child of earth and water
is the visible air

and even with branches pointing down
it rises to the sacred

this light
this tree

*

I WALK among words toward silence

writing until the ink stops

now that I know
that my song will stop
at night   with my body

*

la onda avanza a soplos de aire
las ranas conversan en el fango
peces rojos son en el aire un arco que se tensa
la luz perfora los nidos de la sombra
los atraviesa como a una cabellera enmarañada
un remanso es una flor abierta
hacia el fondo del agua

detrás de cada ojo el ojo humano mira
el color de los seres es carne de lo vivo
y el lago es una mirada quieta
a donde sólo la noche entra

*

SUEÑO con ver el rostro de la tierra
madre de los seres y madre de mi madre
y el del cielo
padre del aire y padre de mi padre
ahora
que en mi boca aparece su sombra
y en mis ojos su fuego
y llevado por el tiempo
mi cuerpo sagrado
tiembla

*

POR pura claridad el agua habla

sobre la quieta luz el tiempo corre

blanca en sus torres la ciudad es ligera

y lejana en sus picos la montaña
toca la eternidad y toca el tiempo

* * *

LAGO D'AVERNO

Ripples move with the wind-gusts
frogs talking in the mud
red fish in the air are
an arc that tenses
and light piercing the shadowy nests
criss-crosses like a tangled mane
a backwater is a flower
open to the water's depths

behind every eye the human eye watches
the colour of beings is living flesh
the lake is a quiet look
only night enters in

*

I DREAM of seeing the face of the earth
mother of beings and mother of my mother
and the face of heaven
father of air and father of my father
now
its shadow appears in my mouth
its fire in my eyes
carried by time
my body   sacred
trembles

*

WATER speaks in pure clarity

time runs above the quiet light

towers white   the city is weightless

the mountain peaks far off
touch eternity   touch time

* * *

IMÁGENES DEL LIBRO DE JOB

El fuerte se levantó
y quitó a la viuda su casa
comió manzanas de los otros huertos
y cosechó trigo de las tierras ajenas
a los infelices contó como animales
y publicó espanto en sus orejas
a su oscuridad mandó cuchillos
y puso a su pan sospechas
desnudó al pobre en el frío
y de huesos lo dejó vestido
oyó tras de sí llanto
y sus jueces no lo oyeron
sobre vacío tendió su cama
y apesadumbró los días del huérfano
tocado de muerte irá como borracho
y no será nunca despertado

LOCO EN LA NOCHE

Asomado a la ventana
cree que es mediodía
y con el cordón de la persiana en la mano
juega con un rayo de luz

cada cosa que toca se enciende
y de sus ojos brotan corrientes doradas
pues caminando por el cuarto oscuro
cree que su cara es el sol

Images from the Book of Job

The powerful rose up
and drove the widow from her house
ate apples from the orchards of others
gathered wheat from their lands
tallied the miserable like animals
spread terror in their ears
sent knives into their darkness
put suspicion in their bread
stripped the beggar in the cold
and left him dressed in bones
heard the cries at his back
but his judges did not hear
hung his bed over the void
and vexed the orphan's days
touched by death he will go off like a drunk
and never awaken

Madman at Night

Peering from the window
he thinks it's noon
and with the cord of the venetian blind in his hand
plays with a ray of light

everything he touches burns
golden currents flow from his eyes
and pacing in the dark room
he thinks his face is the sun

HAY AVES EN ESTA TIERRA

(Fr. Bernardino de Sahagún)

Hay aves en esta tierra
hay el canto de lo verde a lo seco
hay el árbol de muchos nombres
hay el barro y la paja mezclados
hay la piedra en la noche
como luciérnaga que no se mueve
hay el gorjeo del polvo en el llano
hay el río que sube al monte
con rumor ya delgado
hay el hombre   hay la luz
hay aves en esta tierra

QUEMAR las naves
para que no nos sigan
las sombras viejas
por la tierra nueva

para que los que van conmigo
no piensen que es posible
volver a ser lo que eran
en el país perdido

para que a la espalda
sólo hallemos el mar
y en frente lo desconocido

para que sobre lo quemado
caminemos sin miedo
en el aquí y ahora

THERE ARE BIRDS IN THIS LAND

(Fr. Bernardino de Sahagún)

There are birds in this land
there is song from the green to the dry
there is a tree of many names
there is mixed mud and straw
there is a rock in the night
like a firefly that doesn't move
there is a twittering of dust on the plains
there is a river that climbs a mountain
with a murmur that grows thin
there is a man   there is light
there are birds in this land

BURN the boats
that the old shadows
will not follow us
to the new land

that those who travel with me
will not think it possible
to return to what they were
in the lost country

that we find
only the sea at our backs
and the unknown before us

that we walk without fear
through the ashes
into the here and now

CARTA DE MÉXICO

Por estas callejuelas
ancestros invisibles
caminan con nosotros

ruidos de coches
miradas de niños
y cuerpos de muchachas
los traspasan

Impalpables y vagos
frente a puertas que ya no son
y puentes que son vacíos
los atravesamos

mientras con el sol en la cara
nosotros vamos también
hacia la transparencia

LA MATANZA EN EL TEMPLO MAYOR

El capitán buscaba oro en el templo del dios
Soldados ávidos cerraron las salidas
El que tañía el atabal fue decapitado
y el dios fue despojado de su ropa de papel
Las espadas tumbaron ídolos y derribaron hombres
Los indios para escapar subían por las paredes
o a punto de morir se hacían los muertos
Sombras recién nacidas en el más allá
partieron degolladas hacia el Sol
El capitán buscaba oro en el templo del dios

LETTER FROM MEXICO

Invisible ancestors
walk with us
through these back streets

car-noises
the stares of children
young girls' bodies
cross through them

Weightless   vague
we travel through them
at doorways that no longer are
on bridges that are empty

while with the sun on our faces
we too
move toward transparency

THE SLAUGHTER IN THE MAIN TEMPLE

The captain sought gold in the temple of god
Greedy soldiers sealed the exits
The drummer was decapitated
The god stripped of his paper clothes
Swords tumbled idols   cut down men
The Indians tried to climb the walls
Or at the point of death played dead
Shades newly born in the far land
Setting out   throats slit   toward the sun
The captain sought gold in the temple of god

PROFECÍA DEL HOMBRE

Las nubes colgaron como hollejos
los ríos se estancaron muertos
se extinguieron las aves y los peces
en las montañas se secaron los árboles
la última ballena se hundió
en las aguas como una catedral
el elefante sucumbió
en el zoológico de una ciudad sin aire
el sol pareció una yema arrojada en el lodo
los hombres se enmascararon
sin noche y sin día
caminaron solitarios por el jardín negro

VENTANA

Ser entre las cosas pequeñas
una gota de agua

o en la noche de la cocina
un chícharo sobre la mesa

o ir por el suelo
suelto y oscuro
como un hilo desenredado del carrete

pero no morir de fatiga y deseo
frente a la luz de la ventana
como una abeja estorbada por el vidrio

THE PROPHECY OF MAN

Clouds hung like grapeskins
rivers turned stagnant and died
birds and fish were destroyed
trees shrivelled in the mountains
the last whale
sank in the water like a cathedral
the elephant perished
in the zoo of an airless city
the sun a yolk thrown in the mud
masked men
without night without day
walked alone through the black garden

WINDOW

To be among the small things
a drop of water

a pea on a table
at night in the kitchen

to move along the ground
swift and hidden
like a loose thread pulled from a spool

but not to die of fatigue and desire
by the window light
like a bee trapped by the glass

A UN REFUGIADO ESPAÑOL QUE TODAS LAS NOCHES DUERME CON LA BANDERA DE LA REPÚBLICA

Por qué calle ir
que no lleve a la plaza del tirano

adónde voltear
que no esté su retrato

en qué banco sentarse
que no miren sus ojos

el pueblo está lleno de él
las horas comen su cara

separados por un muro de fusiles
él morirá y yo moriré

pero ahora
fiel a un fantasma

cada noche me acuesto
con la bandera de la República

como un hombre que se acuesta
con el vestido de su mujer muerta

PREHISPÁNICA

Por el hocico
el muerto entra al perro
como un carbón helado
que lo sacude entero

y el perro
con el muerto en las entrañas
al trote al infinito
camina sin parar
y nunca llega

To a Spanish Refugee Who Sleeps Every Night with the Flag of the Republic

What street to take
that doesn't lead to the tyrant's plaza

where to turn
where his portrait isn't

on what bench to sit
without his eyes watching

the village is full of him
the hours feed on his face

separated by a wall of rifles
he will die and I will die

but now
loyal to a spectre

each night I sleep
with the flag of the Republic

like a man who sleeps
with his dead wife's dress

Precolumbian

The dead man enters the dog
through his snout
like a frozen ember
jolting him completely

and the dog
with the dead man in his entrails
trots toward the infinite
moves without stopping
never arrives

SEÑALES

Una mesa carcomida
y una ventana sin vidrios

hojas de fresno enlodadas
y abejas en la basura

un viejo desdentado
y una botella rota

para el que no sabe leer
indican por donde va el camino

EL DÍA que dejó
ecos en las cosas

el día que cantó
luz por sus bocas

pobre de oros
y oscuro ya

como león herido
que sangra por el horizonte

se arrodilla sobre los fresnos
y el polvo

SIGNS

A worm-eaten table
a window without panes

muddy leaves from an ash-tree
bees in the garbage

a toothless old man
a broken bottle

so that he who cannot read
will know which way the road goes

THE DAY that left
echoes in things

the day that sang
light through their mouths

beggar of gold
dark now

like a wounded lion
bleeding on the horizon

it kneels
on the ash-trees and dust

EL POEMA

A Octavio Paz

El poema gira sobre la cabeza de un hombre
en círculos ya próximos ya alejados

El hombre al descubrirlo trata de poseerlo
pero el poema desaparece

Con lo que el hombre puede asir
hace el poema

Lo que se le escapa
pertenece a los hombres futuros

THE POEM

For Octavio Paz

The poem spins over the head of a man
in circles   close now   now far

The man discovers it   tries to possess it
but the poem disappears

The man makes his poem
from whatever he can grasp

That which escapes
will belong to future men

Vivir para ver (1977)

EN SU CUARTO el hombre mira
la luz brillar sobre las frutas

a las manzanas juntar sus sombras
a las de las peras reposadas

a la sandía cortada
dar su pulpa aguada

a los higos antiguos
entre las nueces graves

en la noche en su cuarto
el hombre mira las frutas

VIVIR PARA VER

Vieja bajo la lluvia
da vuelta en la esquina

a lo lejos las dunas
los árboles terrosos

labios gigantescos
de mujer morena
en anuncio mojado

ahora nieve

coche azul
coche naranja

hombres cansados
como llantas desinfladas
a las cinco de la tarde

Living To See

IN HIS ROOM the man watches
light shine on the fruit

the apples gathering shadows
the shadows of resting pears

the watermelon's gash
of liquid pulp

the ancient figs
among solemn walnuts

at night in his room
the man watches fruit

LIVING TO SEE

Old woman in the rain
turns around at the corner

far off the dunes
the earthy trees

the giant lips
of the brown woman
a damp advertisement

it's snowing now

blue car
orange car

tired men
like flat tires
at five in the afternoon

cuchillos de luz
entran nubes gordas

azulean las aceras
los charcos
las ventanas

toda la tierra es blanca

HEREDAMOS EL DOLOR
Y LO TRANSMITIMOS

Sangre y palabras
nos dejaron los viejos

sangre y palabras
dejamos a nuestros hijos

junto al fuego
cantamos a nuestros huesos

afilamos nuestros puños
los hacemos puñales

ya casi muertos
nos asesinamos

ya casi nada
nos sacamos los ojos

sangre y palabras
nos dejaron los viejos

sangre y palabras
dejamos a nuestros hijos

blades of light
enter fat clouds

the sidewalks turn blue
the puddles
the windows

the whole world is white

WE INHERIT PAIN
AND PASS IT ON

Our parents left us
blood and words

we leave our children
blood and words

we sing to our bones
beside the fire

we sharpen our fists
into daggers

almost dead
we kill ourselves

almost nothing
we rip out our eyes

our parents left us
blood and words

we leave our children
blood and words

Llegaron de Chihuahua
de Saltillo de Sonora
descalzos mal encarados furibundos

cayeron en Gómez Palacio
en Torreón en La Cadena
con las manos rotas
las rodillas quebradas
el caballo partido en dos

los halló la noche
los encontró el alba
con un ojo abierto
con el pecho vacío
acribillados en un arroyo
despedazados al pie de un cerro
dinamitados en un tren

lampiños sucios harapientos
los compañeros los despojaron
los buitres los comieron
los amarilleó el polvo
los secó el sol

en el lodo quedaron
famélicos anónimos deshechos
con la calma sobrenatural de los muertos

THE DEAD OF THE REVOLUTION

They came from Chihuahua
from Saltillo   from Sonora
barefoot   with hard faces   frantic

they fell at Gomez Palacio
in Torreon   in La Cadena
with hands crushed   knees broken
their horses split in two

night found them
dawn met them
with open eyes
with empty chests
shot down in a riverbed
in pieces at the foot of a hill
blown up on a train

beardless   dirty   tattered
their comrades stripped them
the vultures ate them
the dust turned them yellow
the sun dried them

and they remained in the mud
emaciated   anonymous   wasted
with the supernatural
calm of the dead

No murió acribillado
a la puerta de la hacienda
ese día de abril
cuando los soldados
a la última nota
del toque del clarín
le vaciaron dos veces
la carga de los fusiles

dicen los que lo vieron
que en su caballo blanco
resistente a las balas
a los hombres y al tiempo
a galope tendido
entró a la muerte entero

A mi padre

ARREANDO burros flacos
cargados de cebada
dos campesinos viejos
suben a pasos lentos
el cerro que oscurece

Con ropa de mezclilla
más rota que parchada
rodeados del sueño inmenso
del polvo y de los verdes
van entre las encinas y las rocas

y como sin sentirlo
ya siluetas pequeñas
ya puntos que se mueven
más viejos que los cerros
se pierden en la noche

ZAPATA

He did not die
riddled with bullets
at the door of the hacienda
that day in April
when the soldiers
at the bugle's
last note
twice emptied
their rifles

those who saw him say
he withstood the bullets
men and time
and on a white horse
at full gallop
rode into death unharmed

For my father

DRIVING thin donkeys
loaded with barley
two old peasants
climb with slow steps
the darkening hill

with grey clothes
more torn than patched
surrounded by the enormous dream
of dust and green
they go among the oaks and rocks

and without feeling it
now small silhouettes
now moving dots
older than the hills
they are lost in night

PAISAJE

Caballos negros en el llano.
Robles sólo tronco, casi muertos.
Luz blanca sobre las piedras tibias.
Luz blanca en los ojos de la liebre alerta.
Cerros bañados de luz roja.
Ojos oscuros de luz verde.
Yo una sombra entre las piedras cálidas.
Yo una respiración en el silencio enorme.

HUITZILOPOCHTLI

Dios de los corazones ensartados
y de las luces palpitantes
sus ojos fueron soles de la muerte
y sus dientes cuchillos de obsidiana

con la cara rayada
y los muslos azules
lo adoraron día y noche
en la torre más alta
y en el centro del cielo

ahora dios de museo
es alumbrado por un foco

XIPE TOTEC

Anda vestido de la piel humana
el traje dorado que la luz exalta
y que la luz marchita

dios desollado lleno de pellejos
le gusta el hombre en carne viva
caliente estremecido
como un árbol sangriento

LANDSCAPE

Black horses on the plain.
Oaks all trunk, almost dead.
White light on warm stones.
White light in the startled eyes of a hare.
Hills awash in red light.
Dark eyes of green light.
I a shadow on the hot stones.
I a breath in unending silence.

HUITZILOPOCHTLI

God of strung hearts
and beating lights
his eyes were the suns of death
and his teeth obsidian knives

striped face   blue thighs
they worshipped him day and night
in the tallest tower
in the centre of the sky

now   spotlit
god of the museum

XIPE TOTEC

He walks dressed in human skin
golden clothes
the light exalts and withers

flayed god stuffed with hides
he loves the living flesh of men
hot   trembling
like a tree of blood

Sobre una cama del Hotel Genève
ella me preguntó por las montañas
que rodean la ciudad de México
    yo contemplé los senos solitarios de su vida
    que como picos blandos
    se alzan a la caída de la noche

ella me contó que en el Mercado del Volador
compró joyas de hace cien años
a precios razonables
    yo miré sus ojos
    sin valor alguno
    de aquí a cien anos

ella me preguntó por el 'Salón México'
donde los hombres bailan con overol y sombrero
y por el restaurante 'El Retiro'
donde los aficionados al toreo
los domingos por la tarde
después de la corrida
corren a comer las entrañas
de los toros muertos
    yo la abracé en la noche íntima del cuarto
    y dancé en su oscuridad
    y comí en su vida

ella me habló de paseos por los suburbios
y me platicó de hombres a caballo
que silbaban a su paso
en Coyoacán y en Churubusco
    yo sentí celos de lo que sus ojos vieron
    y de lo que no vieron

Finalmente ya casi al alba dormimos
como un cuerpo solo
sin plazas y sin calles
sin caras y sin nombres
rodeados por las sombras del país inmenso

In a bed at the Hotel Genève
she asked me about the mountains
that surround Mexico City
  I brooded upon the solitary breasts of her life
  that rise like bland
  peaks at nightfall

 she told me that in Volador Market
 she bought jewels a hundred-years-old
 at reasonable prices
  I gazed into her eyes
  with no value at all
  a hundred years from now

she asked me about the Salón México
where men dance in hats and overalls
and about the Retiro restaurant
where bullfight fans
hurry of a Sunday afternoon
after the corrida
to tuck into the innards of the dead bulls
  I embraced her in the intimate night of the room
  and danced in her darkness
  and ate into her life

she talked to me of strolling in the suburbs
and told me about the men on horseback
who whistled at her going by in Coyoacán and Churubusco
  I felt jealous of what their eyes saw
  and what they did not see

Finally at dawn we slept
like a single body
without squares without streets
nameless and faceless
hugged by the shadows of the immense land

PUTAS EN EL TEMPLO

A André P. de Mandiargues

Llegaron una mañana de septiembre
cuando ya se habían ido los turistas
En los cuartos arruinados abrieron sus maletas
se cambiaron los vestidos
y por un momento desnudas frente al templo
fueron aire carnalizado
Las golondrinas huyeron de sus cuerpos
al entrar ellas en el recinto oscuro
y sus voces gárrulas sonaron en los muros
como el ave más trémula en la tarde
Al ponerse el sol los hombres de los pueblos
vinieron a buscarlas
e hicieron el amor con ellas en camas plegadizas
que parecía iban a caer sobre las piedras
y después en la noche
A lo lejos se oyeron los perros los árboles
los hombres la pirámide y el llano
cantar el mismo murmullo de la vida
Y por semanas bebieron y amaron en la ciudad antigua
atravesando al moverse fantasmas y perros de la muerte
Hasta que una mañana la policía vino a arrestarlas
en un coche viejo
y se fueron de Uxmal bajo la lluvia

WHORES IN THE TEMPLE

For André P. de Mandiargues

They arrived one September morning
when the tourists had already gone
In the ruined rooms they opened their suitcases
changed their dresses
and before the temple for a moment
were naked air made flesh
The swallows flew away from their bodies then
when they entered the dark enclosure
and their voices warbled off those walls
like the most tremulous of the evening birds
At sunset the village men
came seeking them out
and made love to them on folding cots
which appeared about to collapse on the stones
and afterward at night
From far off the dogs were heard the trees
the men the pyramid and the plain
singing with life's same hum
And for weeks they drank and loved in the ancient city
stepping over as they moved ghosts and the dogs of death
until one morning in an old car the police came
to arrest them
and they left Uxmal in the rain.

1

Esa sombra
esa discordia
ese ojo que traspasa piedras
esa rama seca en el árbol
esa llaga en el pecho de la niña
esa desilusión (disolución) en las cosas del hombre
esa rabia de perro del hombre
esa soledad en la cuchara en los muros
ese aire
esa aflicción
ese espejo
en el que han de desvanecerse las cosas

2

Ese puño apretado
esa araña aplastada
esos ojos viejos del perro
ese colmillo que desgarra las cosas
esa invisibilidad hacia la que se dirigen
(sin moverse) las cosas
esa sarna en el lomo del burro
y en la boca del hombre
esa guerra sin fin
ese dolor
esa furia
sabe todo
puede todo
está en todas partes
como la oscuridad
como la mente

1

That shadow
that clash
that eye passing through the rocks
that dry branch on the green tree
that thorn in a girl's breast
that disillusion (dissolution) in the things of man
that dog's rage of man
that solitude in the spoon   in the walls
that air
that affliction   ·
that mirror
where all things must vanish

2

That clenched fist
that flattened spider
that dog's old eyes
that fang that rips things
that invisibility things
move toward (without moving)
that mange on the donkey's back
and in the mouth of man
that endless war
that pain
that rage
knows everything
can do everything
is everywhere
like darkness
like the mind

1

Esta ciudad humeante
llevó un vestido
nuevo cada mañana
por un sol sagrado
que le daba sus hilos

los ahuehuetes como templos verdes
y los templos de piedra
apuntaban al cielo

y las calles
los canales
los puentes
se marchaban azules
a los campos abiertos
o subían a los cerros

2

Sin moverse un segundo
las calles caminaron a la noche
se volvieron nombres perdidos
en las que vivieron fantasmas

Paseo de la Reforma y Avenida de los Insurgentes
fueron curadas por el fuego
la destitución y el desastre
sus tejados se arrodillaron sobre el polvo
y sus cristales se mezclaron al ladrillo
al cemento y a la ceniza

calles ríos sin movimiento
corrieron de prisa hacia el crepúsculo
que esperaba al hombre en cada bocacalle

1

This smoking city
wore new clothes
each morning
its threads made
by a sacred sun

ahuehuetes like green temples
and the temples of stone
pointing to the sky

and the streets
the canals
the bridges
went off   blue
to the open fields
or climbed the hills

2

Without moving for a second
the streets passed into night
turned into the lost names
where ghosts lived

The Paseo de la Reforma and the Avenida de los Insurgentes
were cured by fire
destitution and disaster
their roofs knelt in the dust
glass crushed with brick
cement and ashes

streets   unmoving rivers
ran hurriedly toward the dusk
that waited for man at every crossing

ROMÁNTICA

La música de la noche
no está en los astros
sino en la oscuridad entre ellos

*

ENTRE los seres rotos
las golfas de la calle 9
y los muros con ceros infinitos
Cirabel fue la mujer

junto a la joven vieja
que parada en una esquina
parece más sola que la luna
Cirabel fue la mujer

sobre los rostros que morirán por siempre
por las facciones sin futuro del odio
y los heridos en la noche
Cirabel fue la mujer

entre los niños
que se desprenden vivos
del más hermoso ser
y juegan
con este juguete prodigioso
la vida
Cirabel fue la mujer

* * *

ROMANTIC

The music of the night
is not in the stars
but in the darkness between them

*

AMONG the wasted creatures
the whores on ninth street
the walls of infinite zeros
Cirabel was the woman

next to the old young girl
stopped at the corner
more alone than the moon
Cirabel was the woman

above the faces that will die forever
for the futureless features of hate
for the wounded in the night
Cirabel was the woman

among the children
who shake loose   alive
from the most beautiful being
and play with this miraculous
toy   life
Cirabel was the woman

* * *

EN LA cocina de la casa
el campesino viejo
mira las cucharas
que dejará a su hija
y los cuchillos
que heredará a su hijo
mira por la ventana
el caballo amarrado
la encina polvorienta
la nieta de grandes ojos
sentada sobre una cerca
mira el cerro talado
como un terrón quebrado
y no lejos la piedra
en la que se sentaron
su padre y su abuelo
mira la ventana sin vidrios
las paredes de adobe
mira las cosas
ya por última vez
y no dice nada

IN THE kitchen
the old peasant
looks at the spoons
he will leave his daughter
and the knives
that will be his son's
he looks out the window
at the tethered horse
the dusty oak
the grandchild with big eyes
sitting on a fence
he looks at the hill
barren as a broken heap
and the rock nearby
where his father
and grandfather sat
he looks at the window without panes
the walls of adobe
he looks at everything
for the last time
saying nothing

FUEGO NUEVO

(Ceremonia sagrada de los Aztecas)

1

Sol rojo poniente. Largos rayos fijos picotean el valle. Cielo tensamente azul. Entre los picos de los volcanes, la cresta humeante del Popocatépetl. De su cima, se desprenden rocas, en silencio y sin peso, como en un cataclismo sin sonido.

El sol se mete entre un peñasco hendido, como en una bolsa negra. Se demora un momento: parece un ojo dentado, con pestañas doradas y afiladas; una boca que se abre, y muestra la lengua. Color sangre, desaparece.

2

Al pie de un cerro, cuatro sacerdotes flacos, con los cabellos al aire, se bañan en una fuente de agua sombría. Sobre sus caras brillan gotas negras. Junto a ellos, los vestidos negros se humedecen en un charco. No lejos, también en una fuente, un gran sacerdote se baña solo.

Una luz ocre destella sobre sus pieles aceitosas, mientras peinan los cabellos hirsutos de su cabellera enmarañada.

3

Tenochtitlán. Una isla en un lago. Ciudad cuadrada, dividida en cuatro barrios. En cada barrio una pirámide. En el centro el templo mayor, con su muro almenado de cabezas de serpientes entrelazadas.

Las calles largas y rectas cortadas por çanales, por donde circulan canoas. Las casas blancas, sin ventanas, de techo plano y de un solo piso. De vez en cuando un puente de madera, de anchas vigas labradas. Torres blancas entre las casas. Terrazas con jardines. Oscurecer.

NEW FIRE

(*Sacred Aztec Ceremony*)

1

Red sun in the west. Long fixed rays piercing the valley. Sky tensely blue. Among the volcanic peaks, the smoking crest of Popocatépetl. From its summit, loose rocks roll down, silent, without weight, like a cataclysm without sound.

The sun sinks between a split craggy peak as though into a black bag. It remains for a moment, a toothed eye with keen and golden eyelashes, a mouth that opens and sticks out its tongue. Then, blood-colour, it disappears.

2

Four thin priests at the foot of a hill, hair hung loose, bathe in a fountain of murky water. Black drops shine on their faces. Their black robes soak in a puddle nearby. Not far from them, in another fountain, a high priest bathes alone.

An ochre light shines on their oily skin as they comb their long and matted hair.

3

Tenochtitlán. An island in a lake. Quartered city, divided into four districts. In each district, a pyramid. In the centre, the main temple, its surrounding wall crowned with the heads of entwined snakes.

The long straight streets, intersected by canals in which canoes pass. White houses without windows, flat-roofed and one storey high. Here and there, a wooden bridge of wide, fitted planks. White towers among the houses. Terraces with gardens. Darkness falling.

En una plaza, un perro flaco se echa junto a un árbol, pero manos misteriosas lo jalan, lo sustraen. Un viejo de rostro y de cabellos blancos, recargado en la pared de una casa, es arrebatado desde las sombras. Tres muertos jóvenes, cubiertos con mantas y atados, con las caras vueltas hacia el norte, están sentados a la puerta, en forma de boca horrible, de una torre. Cerca de ellos, pasan guerreros vestidos de blanco. El viento es lo único que se oye. Las paredes de las casas de adobe están como manchadas por sombras sanguinolentas.

5

Danzando por una calle recta, blancuzca, silenciosa, vienen dos hombres: uno con el rostro pintado de rojo, y el otro, bañado y ungido, vestido de blanco, con los cabellos de la coronilla cortados. A cada cierto número de pasos, el de rojo se detiene y da de beber un brebaje al de blanco, ya muy borracho. Este último es un cautivo, que va a ser sacrificado. Y como lo sabe, su rostro expresa una alegría aterrorizada. Debatiéndose contra un sopor, del que trata de despertar, pero al cual se abandona impotente. Abrazado al del rostro pintado de rojo, con gemidos, gritos y risas se pierde al fondo de la calle oscura.

Mujeres y niños, con las caras cubiertas por pencas de maguey, como máscaras verdes; viejos de movimientos lentos y jóvenes graves arrojan a una laguna mantas, petates, pieles de jaguar y de venado, pipas y vasijas de barro, hachas de cobre, espejos y cuchillos de obsidiana, sandalias, dioses de piedra, metates, orejeras, brazaletes, collares y tambores de madera.

El ruido de las cosas al caer sobre el agua, sumergiéndose, ahogándose es la voz de la ceremonia, bajo la luz crepuscular y desolada.

In a plaza, a thin dog stretches by a tree. Mysterious hands lure it, snatch it away. An old man with white face and hair, resting by the wall of a house, is abducted from the shadows. Three dead boys covered with blankets and bundles, their faces turned north, are seated at the door of a tower in the form of a hideous mouth. Near them, warriors pass dressed in white. Only the wind is heard. The walls of the adobe houses are stained with bloody shadows.

5

Two men come dancing down a straight, dirty-white, silent street. One with face painted red; the other, washed and anointed, dressed in white, the hair on the crown of his head cut short. Every certain number of steps, the red one stops to give the white, now totally drunk, yet another drink. The white one is a captive to be sacrificed, and, because he knows it, his face expresses a kind of terrified joy. He struggles against the stupor from which he is trying to wake, to which he abandons himself, powerless. Hugging the red one with screams, groans, laughter, he is lost at the bottom of the dark street.

6

Women and children, their faces covered with maguey leaves like green masks, old men with slow movements, and solemn youths throw into the lake: blankets, sleeping mats, skins of jaguar and deer, clay pipes and jars, copper hatchets, sandals, obsidian mirrors and knives, grindstones, earrings, bracelets, necklaces, stone idols and wooden drums.

The sound of the things hitting the water, soaking, sinking, is the voice of the ceremony beneath the desolate twilight.

Hombres y mujeres matan todas las lumbres con tierra, piedras y agua. Emiten, al hacerlo, un susurro-llanto.

En un altar piramidal, con cráneos esculpidos, un sacerdote, lentamente, deposita un cilindro de piedras, como a una tumba donde se sepultan los siglos, 52 años muertos. Cada piedra corresponde a un año.

Cada piedra al caer provoca un ruido ahogado como de piedra que cae a un pozo.

Sobre la azotea de una casa una mujer encinta, con máscara de penca de maguey, está dentro de una vasija de barro, sobre dos piedras; con la cabeza inmóvil, enigmática, su presencia casi se pierde entre las hojas grandes de unas plantas. Próximo a ella, hace guardia un guerrero, que tiene en una mano un escudo, y en la otra, una macana de obsidiana.

Sobre la azotea de la casa vecina, tres niños, también con máscaras de pencas de maguey, esperan de pie, apenas visibles sus figuras. La oscuridad plena se va haciendo. Aullidos, gritos, telas que se desgarran, golpear de piedras, chasquidos, silbidos del viento, voces de animales, murmullos surgen de la noche, de los muros, de los ahuehuetes, del suelo, de los cuerpos de las gentes, atraviesan la escena alternativamente, y en momentos, dialogan con dolor entre sí.

Una luz vaga, insuficiente, sanguinolenta, no basta ya para que se distingan las formas confusas.

Men and women in a sobbing whisper kill all fires with earth, stones and water.

On a pyramidal altar carved with skulls, a priest slowly deposits stones in a cylinder, as though in a tomb where centuries are buried. 52 dead years. Each stone corresponds to one year.

The muffled sound of each stone falling like a pebble in a well.

On the roof of a house, a pregnant woman with a maguey leaf mask is inside a clay jar placed on two stones; her face immobile, enigmatic, her presence almost lost among the great leaves of the plants close by. Near her, a warrior keeps guard, a shield in one hand, in the other an obsidian macana.

On the roof of the next house, three children, also with maguey leaf masks, stand waiting, their figures barely visible. Night falls. Howls, screams, cloth ripping open, whiplashes, stones pounding, whistles of wind, murmurs, animal sounds surge from the darkness, the walls, the ahuehuete trees, the ground, the bodies of the people. The sounds alternately crisscross the scene, at times painfully conversing with one another.

Vague light, insufficient, bloody, not yet enough light to distinguish the confused forms.

Por una cuesta del Cerro Uixachtlán, entre piedras de tezontle y escasa vegetación, sube lenta, silenciosamente un sacerdote, tratando de sacar fuego de dos palos secos. Parece seguir tenues huellas rojas marcadas sobre el suelo. Casi invisible en la noche cerrada, el ruido de la fricción de los palos lo descubre en la oscuridad, cuando, en momentos, se pierde entre las rocas y las sombras.

Sobre un pico, arriba, se ve la silueta inmóvil de un sacerdote que observa el cielo.

10

Medianoche. Sobre una piedra aislada, de un metro de alto, de superficie ligeramente comba, con bajorrelieves esculpidos, borrosos; atado de la cintura, de los pies y de las manos está el cautivo vestido de blanco, a quien el hombre con el rostro pintado de rojo, traía danzando. Terriblemente ebrio, parece que quisiera despertar del letargo superior a sus fuerzas donde nada su ser, sintiendo la inminencia de un peligro que amenaza su vida, pero con los sentidos embotados, se entrega otra vez al sueño.

Sobre su pecho se ha colocado un madero seco, y atravesando el madero en su centro, un palillo en forma de flecha. En las cuatro esquinas de la piedra está un sacerdote: el de Huitzilo-pochtli, disfrazado de colibrí, con el rostro pintado de rojo, la pierna izquierda flaca y emplumada y los brazos y los muslos azules; el de Xipe Totec, desnudo el pecho teñido de amarillo; con una raya roja en la cara, de la frente a la mandíbula; sobre la cabeza tiene un sombrero de colores, con borlas que cuelgan sobre su espalda. Trae los cabellos trenzados y orejeras de oro. Una falda verde le llega hasta las rodillas; penden de ella caracoles, que suenan cuando se mueve. En una mano tiene una garra de águila: es un vaso. El sacerdote de Quetzalcóatl, con penacho y barbas de plumas azules. El de Tezcatlipoca, con una piel de jaguar. Custodiando a los cuatro, del lado derecho, siempre de espalda, está un personaje con peluca amarilla, que le toca los hombros. Del lado izquierdo, de perfil, otro personaje sujeta con las manos un estandarte con un corazón florecido.

On the slope of Uixachtlán, amid the tezontle stones and the sparse vegetation, a priest climbs slowly, silently, trying to make fire with two dry sticks. He seems to follow faint red tracks marked on the ground. Almost invisible in the enclosing night, the sound of the sticks' friction discovers him in the darkness when, at times, he vanishes among the rocks and shadows.

On a peak above, a silhouette of a priest, immobile, watching the sky.

10

Midnight. The captive lies on an isolated rock, a yard high, its exterior slightly curved and carved with now blurry bas-reliefs. He is dressed in white, and tied at the hands, feet and waist. Helplessly drunk, he tries to wake from the overpowering lethargy where his being swims. He feels the imminence of danger, yet, his senses dulled, surrenders again to sleep.

On his chest has been placed a piece of dry wood; across the centre of the wood, a small stick in the shape of an arrow. A priest stands at each of the four corners of the rock. The priest of Huitzilopochtli, disguised as a hummingbird; his face painted red, his left leg thin and feathered, his arms and thighs blue. The priest of Xipe Totec, his bare chest painted yellow, a red ray across his face from forehead to jaw. On his head a multicoloured hat with tassels that hang over his back. He wears gold earrings; his hair is braided. A green skirt covers him to the knees; from it hang seashells that jingle when he moves. He holds an eagle claw: a vessel. The priest of Quetzalcóatl with topknot and beard of blue feathers. The priest of Tezcatlipoca in a jaguar skin. To the right, his back turned, a man in a yellow wig which almost touches his shoulders guards the four. To the left, in profile, another holds a banner with a flowering heart.

Arriba, sobre el pico, el sacerdote que observa el cielo mueve un brazo, y la ceremonia comienza:

El sacerdote de Huitzilopochtli fricciona fuertemente con las palmas de las manos el palillo en el madero seco, bajo el suspenso de los otros sacerdotes. De pronto saca fuego.

Un quinto sacerdote, que estaba en la oscuridad, entra con un cuchillo de pedernal, y abre el pecho y las entrañas del cautivo. Le arranca el corazón y lo arroja a la lumbre.

En la herida abierta del cautivo, el sacerdote zurdo de Huitzilopochtli hace girar un bastón.

La herida del muerto es luminosa, y resplandece. Las llamas anidan en su pecho. Su cuerpo, al rojo vivo, es transparente, como si fuera una caja de cristal encendida por dentro.

Del bastón salen chispas y humo. El fuego sube hasta el puño. El crepitar de las llamas es lo único que se oye.

La hoguera se hace más grande. Los habitantes de Tenochtitlán la ven.

11

Desde las cuatro esquinas de la piedra, los sacerdotes toman fuego, y descienden con los ocotes encendidos hacia Tenochtitlán, hacia el templo de Huitzilopochtli.

Mensajeros llegan a tomar fuego, y lo llevan en teas a las cuatro direcciones del valle.

Otros mensajeros llegan corriendo, para llevarlo hacia los pueblos.

La hoguera es roja en su base; blanca en medio, y azul en la cúspide.

Humea el copal en los braseros.

On the peak above, the priest who watches the sky motions with his arm. The ceremony begins:

Anxiously watched by the others, the priest of Huitzilopochtli furiously rubs the small stick on the dry wood. Fire starts.

A fifth priest enters from the shadows with a flint knife and cuts open the captive's chest and entrails. He pulls out the heart and throws it in the fire.

The left-handed priest of Huitzilopochtli spins the fire stick in the open wound of the captive.

The wound is luminous, resplendent. Flames flare in his chest. His body, living red, is transparent, like a box of crystal lit from within.

From the stick come sparks and smoke. Fire climbs toward the handle. The crackle of flame is the only sound heard.

The bonfire is built up. The citizens of Tenochtitlán see it.

11

From the four corners of the stone, the priests take fire and, with pitch-pines burning, go down to the city, to the temple of Huitzilopochtli.

Messengers arrive to take fire and carry it by torches to the four directions of the valley.

Other messengers come running to carry fire to the villages.

The bonfire is red at the base, white in the middle, blue at its peak.

Copal smokes in the braziers.

En una plaza de Tenochtitlán, frente a la escalera oriental
del Templo Mayor, de 120 peldaños, las gentes se perforan
las orejas con espinas de maguey y esparcen la sangre hacia
la dirección del cerro radiante; degüellan codornices y se
reparten la lumbre, que un sacerdote vestido de negro baja
del santuario del templo.

En la misma plaza, llamas rojas danzan. Sombras, con más-
caras verdes, blancas y rojas repiten débilmente la danza.

Las llamas se abrazan, se acuestan, se ponen de pie, se
separan duplicadas.

Tocan cuerpos dormidos, que combustibles se levantan
ardiendo.

Una lumbre tras otra se enciende, hasta que el horizonte es
una fiesta de llamas.

13

Hombres, mujeres y niños llevan por la calle vestidos nuevos,
alhajas nuevas, sandalias nuevas, pieles nuevas; meten a las
casas petates y dioses nuevos. Algunas jóvenes llevan faldas
de colores y tienen los dientes pintados de rojo y negro. Los
hombres traen taparrabos y tilmas verde oscuro. La luz,
nítida, misteriosa, resplandece dorada sobre las caras, las
paredes sin ventanas, las torres y los ahuehuetes.

14

Al alba, en la cima del cerro Uixachtlán, cuatro ministros
flacos, vestidos de negro y con los cabellos al aire, entierran
con un murmullo-canto las cenizas del sacrificio.

In a plaza of Tenochtitlán, in front of the 120 steps of the west staircase of the main temple, the people pierce their ears with maguey thorns and scatter the blood in the direction of the radiant hill. They slit the throats of quail, and distribute the fire which a priest in black brings down from the sanctuary of the temple.

In the same plaza, red flames dance. Shadows with green, white and red masks feebly imitate their motion.

The flames embrace, lie down, stand erect, duplicate, divide, brush flammable sleeping bodies which leap up burning.

Fire after fire is lit: the horizon is a festival of flames.

Men, women and children wear new clothes in the streets: new ornaments, new sandals, new skins. New idols and sleeping mats are placed in the houses. Young girls wear multicoloured skirts, their teeth painted red and black. The men wear breechcloths and capes of dark green. The light: clean, mysterious, golden, shining over their faces, the walls without windows, the towers, the ahuehuete trees.

At dawn, four thin ministers at the crest of Uixachtlán. Hair hung loose, dressed in black, they softly chant and bury the ashes of the sacrifice.

Author's note:

For the New Fire ceremony, I am especially indebted to Fray Bernadino de Sahagún's *Historia de las cosas de la Nueva España*. I have taken facts from the study *El Fuego Nuevo* by César Sáenz, and from Jacques Soustelle's *The Daily Life of the Aztecs*. I have thought also of the writings of Antonin Artaud on a mythic theatre based on events and not on individuals.

Translator's notes:

(Aztec definitions are quoted from the Anderson and Dibble translation of the Florentine Codex, Book 11.)

8

Macana: a flattened club or sword, sometimes edged or headed with sharpened stone. *Ahuehuete* or ahuehue or aueuetl, a Mexican cypress. 'It is of dark yellow surface, without blemishes. It has branches, spindle-whorl-shaped ones, like spindle whorls. It has a crotch: many crotches; it is crotched. It is fragrant, of pleasant odour. It is large, high, thick, shady, shadowy. There is constant entering into its shade; under it one is shaded. It is said that a mother, a father become the silk cotton tree, the cypress. It shades things, it forms a shadow; it gives shade, it gives shadow. It takes the form of a spindle whorl. It thickens, extends its branches, extends branches everywhere, forms foliage. It sheds foliage, it sheds butterfly-like leaves. It towers above, it excels.'

9

Tezontle or tecontli: 'It is black, chili-red, rough; it has holes. It is broken up, pulverized.'
Uixachtlán: 'The Hill of the Star.'

10

Huitzilopochtli: 'Hummingbird from the Left (the South)'; principal god of Tenochtitlán (now Mexico City). 'A common man, just a man, a sorcerer, an omen of evil; a madman, a deceiver, a creator of war, a warlord, an instigator of war.'

Quetzalcóatl: 'The Plumed Serpent', the Mayan Kukulcan, he needs no introduction. 'He was the wind, he was the guide, the roadsweeper of the rain gods ...'

Tezcatlipoca: 'Smoking Mirror.' 'When he walked on the earth, he quickened vice and sin. He introduced anguish and affliction. He brought discord among people, wherefore he was called 'the enemy on both sides'. He created, he brought down all things. He cast his shadow on one, he visited one with all the evils which befall men; he mocked, he ridiculed men. But sometimes he bestowed riches – wealth, heroism, valour, position of dignity, rulership, nobility, honour.'

Xipe Totec: 'Our Lord the Flayed One.' 'His attribute was that he struck people, he bewitched people, he visited people with blisters, festering, pimples, eye pains, watering of the eyes, festering about the eyelashes, lice about the eyes, opacity, filling of the eyes with flesh, withering of the eyes, cataracts, glazing of the eyes.'

11

Pitch-pine: specifically ocote or ocotl pine. 'The pine tree is tender, verdant, very verdant. It has particles of (dried) pine (resin). It has cones – pine cones; it has a bark, a thick skin. It has pine resin, a resin. (The wood) can be broken, shattered. The pine is embracing. It is a provider of light, a means of seeing, a resinous torch, It is spongy, porous, soft. It forms a resin; drops stand formed; they stand sputtering. They sputter. It burns, it illuminates things, it makes a resin; a resin exudes. It turns into a resin. Resin is required.'

Construir la muerte (1982)

DE UN DÍA DE DICIEMBRE

Desde temprano
pesada de sueño la mujer
arrastró su cuerpo fatigado
por las horas iguales
y de gris en gris
llegó a la noche sin despertar

Todo su día fue oscurecer

ENTIERRO

En sucesión los coches funerarios
pasan junto al mercado de las flores
como si a la calle populosa la cruzara
un largo olor a muerto

          Sólo por un momento
porque la tarde que huele a negro
a gasolina y grito
huele también a luz

DISTRITO FEDERAL

Hoy seis de enero
hasta los muertos andan en el tráfico

Por el valle lodoso
entre un taxi amarillo
y un autobús lleno
pasa un abuelo helado
en la carroza negra

Hoy seis de enero
hasta los muertos andan en el tráfico

The Building of Death

ABOUT A DAY IN DECEMBER

Weighed down with sleep
from early on
the woman dragged her weary body
through identical hours
from the grey into the grey
she reached night without waking

Her whole day was a darkening

A BURIAL

A file of funeral cars
passes by the flower market
as though the long odour of death
had crossed the crowded street

          Only for a moment
because the afternoon that smells of black
shouts and gasoline
also smells of light.

FEDERAL DISTRICT

Today January sixth
even the dead are out in the traffic

Through the muddy valley
between a yellow taxi
and a full bus
the stiff of an old granddad
overtakes in a black hearse

Today January sixth
even the dead are out in the traffic

Ya sale el sol en el oriente helado
poniendo en el prado de la noche
una flor fría

y a través de los árboles sin hojas
la gran cara amarilla
parece que viene del mañana
trémula ciega destituida

TIEMPO

Sólo la luz sobre las hojas

sólo la rama pendiente
como instante hecho curva

sólo el quieto fluir de la mañana

de pronto el pinzón
rayo ondulante
manchado de azul y verde

luego nada

PERMANENCIA

Mañana cuando tu cuerpo
haya desaparecido en la calle
y la calle misma se haya vuelto aire
seguirás caminando entre las piedras
con el mismo vestido rojo
con que te veo ahora
tu mirada tu andar
seguirán en mis ojos
entre las casas blancas
como en esta tarde

Right now the sun rises out of the icy east
setting a cold flower
in the meadow of night

and through the leafless trees
the great yellow face appears
to come up out of the morrow
trembling blind forlorn

TIME

Only the light on the leaves

only a branch dangling
like the moment bending

only the quiet flow of the morning

all at once a finch
a rising and falling ray
of stained blue and green

then nothing.

PERMANENCE

When your body is gone
tomorrow from the street and
even the street has turned
into air you will go on
in the same red dress
I see you in now
stepping between the stones
your look your walk
will go on in my eyes
as on this evening
among the white houses

MUERTO EN CHOQUE

La cara ungida
con gasolina y grasa

la cabeza en un charco
entre lluvia y cristales

los zapatos llenos de agua
como dos chalupas

la camisa en las ruedas
sin mangas y sin brazos

los cerdos del camión
(que lo embistió de frente)

huyen hacia el barranco
gruñen entre los pinos

ESTA PIEDRA NEGRA

Esta piedra negra
es un pedazo de noche
que el tiempo hizo palpable
para que el hombre
llevara la tiniebla en la mano

ZOPILOTES

Pelones alinegros y hediondos
atraviesan los fresnos y las cercas
los magueyes los muros y las puertas

entran en el cuarto oscuro
se paran en las sillas
en las sombras y en el aire

y clavan los ojos en el pecho
del hombre herido que en la cama
se estremece y se apaga

A Crash Victim

Face anointed
with grease and gasoline

in a puddle the head
amidst the glass and the rain

the shoes as full of water
as two skiffs

the shirt armless
and sleeveless around the wheels

the pigs from the truck
(that hit him head-on)

flee for the ravine
grunting between the pines

This Black Stone

This black stone
is a piece of the night
that time has made palpable
so that man
might carry darkness in his hand

Buzzards

They sail bald blackwinged and stinking
across the ash trees and the magueys
the fences the walls and the doors

they come into the dark room
stand on the chairs
the shadows and the air

and clap their eyes onto the chest
of the injured man on the bed
who shudders and is snuffed out

Viejo ya para montar montañas
revivía sus viajes
pintando en las paredes del cuarto
picos rojos y barrancas azules
y al caer la tarde
como quien mira por una ventana
que da adentro de sí
lento y enfermo
él iba por esos paisajes

HOW POOR A THING IS MAN

Nací en la Calle Pobreza
esquina con Injusticia

mis padres fueron Dignidad
y Mañana Tal Vez

siempre a la puerta del palacio
de la señora Rectitud

desde muy joven aprendí
a comer aire

y a apreciar lo Invisible
en la escuela de la Privación

Un día de lluvia
porque estaba allí

mojé mi puñal
en el pecho de un general

y pasé veinte años
en la casa de la Realidad

Ahora soy libre
para correr las calles

de Nuestra Señora la Ciudad
acompañado de Desgracia y Vejez

Too old now for climbing mountains
he relived his journeys
by painting red peaks and blue
ravines on the walls of his room
and at nightfall
like one who peers through a window
which opens into himself
he groped, sickly and slow,
through these landscapes

HOW POOR A THING IS MAN

I was born on the corner
of Poverty and Injustice

my parents were Dignity
and Maybe-Tomorrow

always at the palace gates
of Madame Rectitude

ever since I was very young
I learned to eat air

and to appreciate the Unseen
in the School of Privation

One rainy day because he
happened to be there

I wet my dagger
in the chest of a general

and spent twenty years
in the House of Reality

now I'm free
to roam the streets

of Our Lady the City
with Disgrace and Old Age for my fellows.

Aquí estoy. Mi maestro me ha pintado. Seré más duradero que mi cara. Más durable que el rey y la realeza. Esta mirada ciega sobrevivirá a mis ojos. Estas cejas arqueadas serán más que esos puentes. Esta nostalgia mía será más que todos mis días juntos.

¿Cuánto dura un momento? ¿Cuánto mide el asombro? El tiempo necesario para que un hombre se encuentre con su rostro, halle su destino en cualquier callejón. Mi hado está sellado. No sé si soy la carne o soy la imagen. No sé si soy el cuerpo o soy el lienzo. El retrato o el modelo. Alguno de los dos debe existir ahora. Ignoro a quién debo dirigirme, de quién viene la respuesta, el frenesí amoroso, el gesto en la hora de la muerte.

Trescientos años han pasado. Despierto ahora de un sueño de barro. ¿Es hoy, ayer, mañana? ¿Estoy afuera o adentro del cuadro? ¿A quién miran ustedes? ¿A él, a mí? Soy Juan de Pareja, mi maestro me ha mandado a decirles a ustedes que ha sido hecho un retrato. Es fácil comprender que soy el otro.

Soy de un material perecedero. Carne, sangre, huesos y colores componen mi figura. El gris del fondo creó aire y espacio. El volumen fue dado por las sombras. El pelo negro concentró la luz en mi mirada. Yo soy el mulato Juan de Pareja. Mi maestro me ha pintado.

A UNA MARIPOSA MONARCA

Tu que vas por el día
como un tigre alado
quemándote en tu vuelo
dime qué vida sobrenatural
está pintada en tus alas
para que después de esta vida
pueda verte en mi noche

Here I am. My master has painted me. I will be more long-lasting than my own face. More durable than royalty or the king. This sightless stare will outlive my eyes. These arched eyebrows those bridges. This nostalgia of mine will be more than all my days put together.

How long can a moment endure? How much does amazement measure? The time needed for a man to find his own face, to meet his destiny in some alley or other. My fate is sealed. I don't know if I am the flesh or its image. I don't know if I am the body or the canvas, portrait or model. One of the two must exist now. I don't know whom to address, who the answer comes from, the amorous frenzy, the grimace at death's door.

Three hundred years have gone by. I awake now from a dream of clay. Is it today, yesterday or tomorrow? Am I in or out of the picture? Who are you staring at? Him or me? I am Juan de Pareja, my master has sent me to tell you that the portrait is done. It's easy to understand that I am the other one

I am made of perishable stuff. Flesh, blood, bone and colour make shape out of me. The grey background made air and space. The shadows lent volume. My black hair accentuated the light in my eye. I am the mulatto, Juan de Pareja. My master has painted me.

To a Monarch Butterfly

You who go through the day
like a wingèd tiger
burning as you fly
tell me what supernatural life
is painted on your wings
so that after this life
I may see you in my night

Con la ropa no vendida
en la grupa del caballo
y la venta del día
en la chamarra de cuero
atravesaba el cerro Altamirano
mientras de los barrancos
la noche iba subiendo
como polvo que se levanta
de las patas de un alazán hambriento

Aquí y allá
hombres y mujeres aparecían colgados
de los árboles más altos
y se quedaban atrás
como espantapájaros
bajo el aullar de los coyotes

Cañadas bandidos y desfiladeros
apenas eran blanqueados por la luna
y Contepec parecía haberse perdido en la noche
entre los cerros

A eso de las once
entraba en el pueblo oscuro
y tocaba a la ventana de una casa
donde todos parecían dormir
excepto la mujer que abría la puerta

A la luz de una vela se sentaba a comer
frijoles y tortillas a una mesa floja
mientras los hermanos de la esposa
se reían de él por hablar mal el español

y él les sonreía
mostrándoles la pistola Parabellum
sin ocultar sus deseos
de volarles la tapa de los sesos
y mandarlos para siempre a la alborada

With the unsold clothes
across the horse's rump
and the day's take
in his leather jacket
he crossed over Altamirano Hill
while up out of the ravines
night moved
like dust kicked up
by the hooves of a hungry chestnut horse.

Here and there
men and women appeared
strung from the highest trees
and they hung on behind
like scarecrows
under the yowl of the coyotes

Canyons bandits and defiles
were barely whitened by the Moon
and Contepec appeared to have been lost in night
among the hills

At about eleven
he went into the darkened town
and tapped at the window of a house
where all appeared to be sleeping
except for a woman who opened the door

By the light of a candle he sat down to eat
beans and tortillas at a rickety table
while his wife's brothers
laughed at him for speaking Spanish badly

and he smiled at them
displaying for them the Parabellum pistol
without masking his desire
to blow out their brains
and dispatch them into the dawn for good

PELUQUERÍA

El domingo en la mañana
los campesinos entran
solemnemente a la peluquería
a esperar su turno
y después de un rato salen
con el sombrero en la mano
con expresión de que les han cortado
pasto en la cabeza

EMILIANO ZAPATA

Lo volvieron calle
lo hicieron piedra

lo volvieron tarjeta postal
discurso de político

lo hicieron película
ingenio azucarero

lo volvieron bigote
traje charro

él ve nada
oye nada

BARBERSHOP

Sunday morning
the peasants
solemnly enter the barbershop
to wait their turn
and leave   after a while
hat in hand
looking
as though a meadow
had been cleared
from their heads

EMILIANO ZAPATA

They made him into a street
they turned him to stone

they made him into a postcard
a politician's speech

they turned him into a movie
a sugar refinery

they made him into a moustache
a charro costume

he sees   nothing
hears   nothing

1

Toda la noche
entre las casas blancas
atravesé el canal
los remos cortaban en el agua
el verde silencioso de los sauces
y revolvían las sombras de los templos
Del otro lado del canal
en una barca amarilla venías tú
con la cara pintada de rojo
y por un momento nuestras barcas
se cruzaron bajo el puente azul
y ya no pude seguir
    tus ojos que me miraron
    clavaron en mi corazón
    flechas de luz

2

Tus ojos dejaron en el aire
pájaros azules
y tu cuerpo dejó a su paso
cuerpos luminosos
alrededor de ti todo se calmó
las gentes que pasaron por las calles
entraron una en otra
sin salir de sí mismas
    yo atravesé tu cabeza transparente
    yo levanté tus manos impalpables
    yo bebí luz de tu pecho
    yo

un gallo negro nos despertó

1

All night
I crossed the canal
between white houses
oars in the water cut
the hushed green of the willows
and the shadows of the temples swirled
from the other side of the canal
you came in a yellow boat
your face painted red
and for a moment our boats
met beneath the blue bridge
and then I couldn't follow
    your eyes watching me
    rays of light
    fixed in my heart

2

In the air your eyes left
blue birds
and your body left
luminous bodies in its wake
around you everything
became calm
people passing in the street
entered each other without leaving themselves
    I travelled through your transparent head
    I raised your weightless hands
    I drank light from your breast
    I

a black rooster woke us

Viejo y enfermo
no tengo miedo a la muerte:
ya morí muchas veces.
Por el río grande he navegado
y he visto sombras colgando de la luz
y ecos brotando del sonido sordo
que provoca el choque
de las aguas con el mar abierto.
De entre las ramas cálidas
de la máscara verde de la orilla
he visto surgir la flecha emponzoñada
y he visto caer del cielo
como aguja y tizón
el rayo y el calor.
Debajo de todo lecho
hay un esqueleto acostado
y en toda agua corre
una serpiente de olvido.
Mas difícil es ser
un viejo que tiene frío
en las horas que preceden al alba
y sentir dolor de huesos
en la estación de lluvias
que seguir en un barco perdido
el cauce del río más caudaloso del mundo.
Como todo hombre,
día tras día he navegado
hacia ninguna parte
en busca de El Dorado,
pero como todo hombre
solo he hallado
el fulgor extremo de la pasión extrema
de este río,
que por sus tres corrientes:
hambre, furor y cansancio,
desemboca en la muerte.

FRAY GASPAR DE CARVAJAL
REMEMBERS THE AMAZON

Old and ailing
I have no fear of death –
I have died many times already.
Up the great river I have sailed
and seen the shadows hanging from the light
and volleys of echoes from that muffled noise
set off by the crash
of its waters into the open sea.
From the steamy branches
of the forest masking the shore
I have seen the poisoned arrow shoot
and watched fall from the sky,
like needle and brand,
the lightning and the heat.
Under every bed
there's a sleeping skeleton
and wriggling in every stream
a viper of lost memory.
It is harder to be
an old man who gets cold
in the hours before daybreak,
feeling his bones ache in the rainy season,
than to drift in a lost boat with the current
of the mightiest river on earth.
Day after day
like all men I have sailed
toward nowhere
in search of El Dorado
but like them all
I have found only
the extreme gleam of extreme passion
of this river,
which through its triple channels –
hunger, weariness and rage –
pours into death.

Era mi noche
mi lluvia
mi primer zapato

era mi flor abierta todo el año

era mi fuego
mi leche
mi árbol de sangre

eran sus ojos mis primeros soles

yo por ella construía ciudades

She was my night
my rain
my first shoe

she was my flower that bloomed all year

she was my fire
my milk
my tree of blood

her eyes were my first suns

for her I built cities

Imágenes para el fin del milenio (1990)

Señoras del presente y del olvido
las hormigas recorren
los espacios del silencio
arrastrando grumos de vida
hacia el mundo de las sombras

Como vampiros con las alas abiertas
en el horizonte se perfilan borrosos
los escuálidos señores de la muerte
sin proyectar sombra sobre el suelo arenoso
sin ser tocados por el viento o la hora

Entre peñascos rotos que un día acabarán
sobre el sabino antiguo que un día caerá
sin la memoria mínima de los dioses extintos
ni del Bigaña estricto que se volvió humedad
miro el sol que se muere

Bajan las sombras lentas
por los caminos ralos de Monte Albán
y dirigiéndose al otro mundo
atraviesan cuerpos y muros
con su temblor y frío

En el patio ruinoso al borde de una tumba
un sacerdote enjuto con camisa de grecas
arroja su espectro sobre el polvo
y traza con dedo descarnado
la forma de las constelaciones deshechas

Images for the End of the Millennium

Mistresses of what is here and left forgotten
the ants spill back
over the still spaces
dragging lumps of life
toward the shadow world

Unperturbed by wind or time
casting no shadow on the sandy ground
the squalid lords of death
are blurred against the horizon
faintly vampire-like on their spread wings

Between the broken crags that one day will cease to be
above the age-old cypress that will topple one day
leaving not the faintest trace of the extinct gods
or their strict priest who grew into the mist
I look upon a sun that is dying.

Bound for the other world
the slow shadows glide low
along the sparse trails of Monte Albán
pass through walls and bodies
with their shivering cold

On the cracked platform at the tombside
a shrivelled priest in a fretworked shirt
casts his shade into the dust
and with one skinny finger
traces the shape of shattered constellations

UN CONQUISTADOR ANÓNIMO RECUERDA
SU PASO POR LAS TIERRAS NUEVAS

Dormí en lechos de piedra.
Tuve por cabecera una serpiente de piedra
en un cuarto de plumas,
en el que todos los muros reflejaban a la muerte.

Mi techo fue un charco de lodo.
La tierra estuvo encima de mi cabeza
y mis piernas fueron el azul del cielo.
A la izquierda de mi sueño un colibrí salió volando
como un pedazo de mediodía.

En mi noche de pedernal
mi cuerpo se confundió con el de los dioses.
Tuve en mi frente un soplo de sangre,
en mis pies sandalias negras para atravesar el viento
y en la mano un agujero para observar al hombre.

Ebrio de ritos empuñé el cuchillo de obsidiana
y arranqué el corazón de un muerto divino.
Las llamas que saqué de su pecho
las portaron mensajeros veloces
hacia las cuatro direcciones del espacio apagado.

Oculto en la cara teñida de la diosa de la selva
vi el fulgor celeste (que todos buscamos en los libros)
en los ojos de un animal sin nombre:
cuya forma diurna nunca pude conocer,
ni su paso imaginar, ni su huella oír.

Un día, en la oscuridad de mí mismo,
con orejeras de oro y el rostro rayado,
llegué a un pueblo dormido
y el mar se levantó de mis ojos
con la sonrisa infinita de la luz.

Desde entonces,
mi vida es un relámpago
vestido de hombre,
o quizás de harapos,
o quizás de sombras.

154

AN ANONYMOUS CONQUISTADOR RECALLS
HIS PASSING THROUGH THE NEW LAND

I slept on beds of stone.
I had a serpent of stone for a bolster
in a feather chamber where the image
of death flickered back at me off every wall.

The roof was a puddle of mud.
Earth lay on my face
and my legs were as blue as the sky.
Like a splinter of noon,
a humming bird flew out to the left of my dream.

In the flint of my night,
my body blended with the gods'.
On my brow I had a gust of blood,
black sandals for outstriding the wind on my feet
and through my hand a hole for spying on mankind.

Drunk on ritual, I dug in the obsidian knife
and tore out the heart of the sacred dead.
Swift messengers carried
the flames I kindled in his chest
to the four corners of unlit space.

In the stained face of the forest goddess
I saw hidden the heavenly blaze (we all quest for
in books) in the eyes of that nameless animal
whose everyday form, or tread of whose passing
I could never know, or hear, or imagine.

One day, out of my own darkness, I arrived
at a sleeping village,
with golden plugs through my ears and stripes down my face,
and smiling infinitely with light
the sea crested in my eyes.

Since then,
my life is a bolt of lightning
clad like a man, or
perhaps in rags,
perhaps in shadows.

Toda la noche los sacerdotes
le cantaban para que no durmiese
a aquel niño de teta
con la cara untada de aceite
y el remolino doble en la cabeza

al alba lo llevaban en andas
al son de caracoles y de flautas
y aderezado con plumas y con piedras
lo ofrecían a nuestro señor de la lluvia
y le arrancaban el corazón de una cuchillada

pero si rumbo al cerro sagrado
iba llorando gruesas lágrimas
y si no se atravesaba en su camino
un hidrópico de mal agüero
era señal de que muy pronto
iba a haber tormenta sobre México

DESDE LO ALTO DEL TEMPLO MOCTEZUMA MUESTRA A CORTÉS SU IMPERIO

Lo que miran tus ojos es nuestro
Lo que no alcanzan a ver tus ojos es nuestro
ciudades y nubes mujeres y piedras
coyotes y víboras ahuehuetes y águilas
Nuestros hombres atraviesan las aguas
y nuestros dioses recorren la noche
y para alumbrar nuestro día
con un cuchillo negro sacamos luz
del corazón de nuestros enemigos

STORM OVER MEXICO

So that it might not sleep
the priests chanted all night
over the suckling babe
its face anointed with oil
and on its head the double cowlick

to the notes of flute and conch
they bore its litter through the dawn
and decked out with feathers and stones
sacrificed it to Our Lord of the Rain
scooping the heart out with a knife

but if on its way to the sacred hill
it shed thick tears
and should no evil omen of a man
with dropsy cross its path
it was a sign that very soon
there would be storm over Mexico

FROM THE TEMPLE TOP
MOCTEZUMA SHOWS CORTÉS HIS EMPIRE

Whatever your eye beholds is ours
Whatever is beyond the reach of your eye is ours
cities and clouds women and stone
coyotes and ahuehuetes snakes and eagles
Our men move upon the waters
and our gods roam the night
and with a black blade
we draw from the breast of our enemies
the light that floods our days

VIENTOS DE PIEDRA

Cuando el viento huía por los llanos
el hombre vino y lo hizo piedra
cuando el sol caía por sus rayos
el hombre vino y lo hizo piedra
cuando la serpiente corría por el tiempo
el hombre vino y la hizo piedra
capturó a la muerte con los ojos
apresó a lo invisible con las manos
fijó la impermanencia en una forma
y en todas esas formas metió dioses

Pero el viento metido en una piedra
se hundió en el polvo y en la hierba
el sol del mediodía bajó a la noche
y la serpiente emprendió el vuelo
la muerte salió de su escultura
se fue a los caminos y a los pueblos
y desde entonces anda con cabeza humana
El hombre fantasma de sí mismo
fue demolido por sus propios dioses
De todo aquello hubo lo que quedó al principio:
                                                    unas piedras

LLUVIA EN LA NOCHE

Llueve en la noche
sobre las calles húmedas y los tejados viejos

sobre los cerros negros
y los templos de las ciudades muertas

En la oscuridad oigo la música ancestral de la lluvia
su paso antiguo su voz disuelta

Ella hace caminos en el aire
más rápidos que los sueños del hombre

hace senderos en el polvo
más largos que los pasos del hombre

WINDS OF STONE

When the wind fled over the plains
man came and turned it to stone
when the sun tumbled down its rays
man came and turned it to stone
when the snake slithered across time
man came and turned it to stone
ensnared death with his eyes
cupped the invisible in his hands
froze impermanence into a shape
and into each shape thrust a god

But the wind trapped in a stone
sank into the dust and grass
the midday sun slipped into night
and the snake flew away
death escaped from its statue
stalked roads and villages
and since then has a human head
Man   ghost of himself
was destroyed by his own gods
All that remained was there at the beginning:
                                    a few stones

RAIN IN THE NIGHT

It rains in the night
on the old roofs and the wet streets

on the black hills
and on the temples in the dead cities

In the dark I hear the ancestral music of the rain
its ancient footfall   its dissolving voice

More rapid than the dreams of men
the rain makes roads through the air

makes trails through the dust
longer than the footstep of men.

159

El hombre morirá mañana
morirá dos veces

una como individuo
y otra como especie

y entre los relámpagos y las semillas blancas
que atraviesan las sombras

hay tiempo para todo un examen de conciencia
tiempo para contarse la historia humana

Llueve
Lloverá en la noche

pero en las calles húmedas y en los cerros negros
no habrá nadie para oír la lluvia

Un día un hombre olvida

Un día un hombre olvida
un mar un continente y un planeta

olvida las facciones de su padre
y las huellas de su propia mano

olvida el fulgor de sus ojos en otros ojos
y el sonido del agua en su cabeza

olvida el timbre de su voz y el ruido de su sueño
que despierta a otros pero no a sí mismo

olvida el traje y la casa que habitó
la calle y la ciudad que lo olvidaron

olvida el amor la revelación la muerte
el espejo que no devuelve ya su imagen

Un día un hombre se olvidará a sí mismo
olvidará que olvida

Tomorrow we will die
die twice over

Once as individuals
a second time as a species

and between the bolts of lightning and the white seeds
scattered through the shadows

there's time for a complete examination of conscience
time to tell the human story

It rains
It will rain in the night

but on the wet streets and black hills
there will be no one to hear the rain fall

ONE DAY A MAN FORGETS

One day a man forgets
a sea, a continent, a planet

he forgets the features on his father's face
the prints of his own hand

he forgets the flash of his eyes in another's
and the sound of water in his head

he forgets the timbre of his own voice and the noise
of his dreams that wakens everyone, but him

he forgets the suit and the house he lived in
the street and the city that forgot him

forgets love, revelations, death: the mirror
that no longer redeems his image

A man will forget himself one day
forget he has forgotten.

Las palabras no dicen lo que dice un cuerpo subiendo la
    colina al anochecer
las palabras no dicen lo que dice un colibrí en el aire al
    mediodía
las palabras no dicen lo que dice un perro esperando a su
    amo que nunca volverá
las palabras no dicen lo que dice el paso de la mujer y el
    movimiento en el árbol de la mañana
las palabras no dicen lo que siente un fresno al ser fulminado
    por un rayo
las palabras no dicen la sensación de nacer de amar y de morir
las palabras son las sombras atadas a los pies de un hombre que
    avanza demasiado rápido entre la multitud
son párpados de sueño con que el hombre cubre el amor que no
    alcanza a comprender

ASOMBRO DEL TIEMPO

(Estela para la muerte de mi madre Josefina Fuentes de Aridjis)

Ella lo dijo: Todo sucede en sábado:
el nacimiento, la muerte,
la boda en el aire de los hijos.
Tu piel, mi piel llegó en sábado.
Somos los dos la aurora, la sombra de ese día.

Ella lo dijo: Si tu padre muere,
yo también voy a morir.
Sólo es cosa de sábados.
Cualquier mañana los pájaros
que amé y cuidé van a venir por mí.

Ella estuvo conmigo. En mi comienzo.
Yo estuve con ella cuando murió, cuando nació.
Se cerró el círculo. Y no sé
cuándo nació ella, cuándo morí yo.
El rayo umbilical nos dio la vuelta.

Words cannot tell what a body says climbing
    the hill at nightfall
Words cannot tell what the hummingbird says
    in the noontime air
Words cannot tell what a dog says waiting
    for an owner who will never return
Words cannot tell what a woman's step says
    or the motion of a tree in the morning
Words cannot tell what the ash tree feels when it is struck
    by a bolt of lightning
Words cannot tell the feeling of being born, loving and dying
Words are the shadow tied to the foot of a man
    who slips too quickly through the crowd
They are the eyelids of sleep with which a man covers up
    a love he cannot fathom.

The Amazement of Time

(A stele, on the death of my mother Josefina Fuentes de Aridjis)

She said it. Everything happens on a Saturday:
birth, death;
the children married in the air.
Your skin, my skin arrived on a Saturday.
We two are the daybreak, the dark of that day.

She said it. If your father dies,
I die too.
It's just a question of Saturdays.
Any morning the birds
I loved and looked after will be here to get me.

She was there. In my beginning.
I was there when she died, when she was born.
It came full circle. And I don't know
when she was born, when I died.
A beam of umbilical lightning was wound around us.

Sobre la ciudad de cemento se alza el día.
Abajo queda el asombro del tiempo.
Has cerrado los ojos, en mí los has abierto.
Tu cara, madre, es toda tu cara, hoy que dejas la vida.
La muerte, que conocía de nombre, la conozco en tu cuerpo.

Dondequiera que voy me encuentro con tu rostro.
Al hablar, al moverme estoy contigo.
El camino de tu vida tiene muchos cuerpos míos.
Juntos, madre, estaremos lejanos.
Nos separó la luna del espejo.

Mis recuerdos se enredan con los tuyos.
Tumbados para siempre, ya nada los tumba.
Nada los hace ni deshace.
Palpando tu calor, ya calo tu frío.
Mi memoria es de piedra.

Hablo a solas y hace mucho silencio.
Te doy la espalda pero te estoy mirando.
Las palabras me llevan de ti a mí y de mí a ti
y no puedo pararlas. Esto es poesía, dicen,
pero es también la muerte.

Yo labro con palabras tu estela.
Escribo mi amor con tinta.
Tú me diste la voz, yo solo la abro al viento.
Tú duermes y yo sueño. Sueño que estás allí,
detrás de las palabras.

Te veo darme dinero para libros,
pero también comida.
Porque en este mundo, dicen,
son hermosos los versos,
pero también los frutos.

Un hombre camina por la calle.
Una mujer viene. Una niña se va.
Sombras y ruidos que te cercan
sin que tú los oigas, como si sucedieran
en otro mundo, el nuestro.

Day rises over the concrete city.
Below the amazement of time drags on.
You closed your eyes, you've opened them in me.
Today, as you leave life, this face of yours, mother, is all your faces.
Death, which I knew only by name, I know now in your body.

I meet your face everywhere I go.
When I speak, when I move, I am with you.
Your life's passage has seen many bodies of mine.
Together, mother, we will be far apart;
The glass in the mirror split us up.

My memories are enmeshed in yours.
Forever tumbled, nothing can tumble them anymore,
nothing make or unmake them.
I feel for your warmth, yet probe into your cold.
My memory is laid in stone.

I talk to myself, and it is such a silence.
Turn my back to you but look right at you.
From you to me, and from me to you, the words carry me
and I can't stop them. They say this is poetry,
but it is death too.

I carve your stele from my words.
I write my love in ink.
You gave me my voice. I only leave it open to the wind.
You sleep and I dream. I dream you
are there, behind the words.

I see you giving me money for books,
and food too.
For in this world, they say,
verses are beautiful,
but so is fruit.

A man walks down the street.
A woman is coming. A girl, leaving.
Sounds and shadows surround you
without your hearing them, as if they are happening
in another world: ours.

Te curan de la muerte y no te salvan de ella.
Se ha metido en tu carne y no pueden sacarla,
sin matarte. Pero tú te levantas, muerta,
por encima de ti y me miras desde el pasado mío,
intacta.

Ventana grande que deja entrar a tu cuarto la ciudad
    de cemento.
Ventana grande del día que permite que el sol se asome
    a tu cama.
Y tú, entre tanto calor, tú sola tienes frío.

Así como se hacen años se hace muerte.
Y cada día nos hacemos fantasmas de nosotros.
Hasta que una tarde, hoy, todo se nos deshace
y viendo los caminos que hemos hecho
somos nuestros desechos.

Sentado junto a ti, veo más lejos tu cuerpo.
Acariciándote el brazo, siento más tu distancia.
Todo el tiempo te miro y no te alcanzo.
Para llegar a ti hay que volar abismos.
Inmóvil te veo partir, aquí me quedo.

El corredor por el que ando atraviesa paredes,
pasa puertas, pasa pisos,
llega al fondo de la tierra,
donde me encuentro, vivo,
en el comienzo de mí mismo en ti.

Números en cada puerta y tu ser pierde los años.
Tu cuerpo en esa cama ya sin calendarios.
Quedarás fija en una edad, así pasen los siglos.
Domingo 7 de septiembre, a las tres de la tarde.
Un día de más, unos minutos menos.

En tu muerte has rejuvenecido,
has vuelto a tu rostro más antiguo.
El tiempo ha andado hacia atrás
para encontrarte joven. No es cierto
que te vayas, nunca he hablado tanto contigo.

They doctor you against death and do not save you from it.
It has dug in under your skin and can't be pulled out
without killing you. But even dead you rise up
above yourself and peer at me out of my past:
intact.

That large window letting the concrete city
    into your room.
Day's large window that lets the sun lean in
    over your bed.
And you, in all this heat, you alone are cold.

As are the years so is death made
and we, made each day into our own ghost,
until one afternoon, today, unmakes all
and we see, down the roads we have made,
we are our own remains.

Seated at your side, I see your body farther away.
As I stroke your arm, I feel your distance more.
I look at you the whole time and can't keep up.
I need to fly over chasms to reach you.
Without moving you depart, I stay here.

The corridor I walk down goes through walls,
through doors, through floors,
it reaches to the bottom of the earth
where I find myself alive
at the beginning of myself in you.

Numbers on every door and your being loses years.
Your body on that bed, already beyond calendars.
You will be stopped at one age, though centuries pass.
Sunday September 7 at three in the afternoon.
A day more, a minute or two less.

In death, you have grown younger,
gone back to your earliest face.
Time has wound back
to find you in your youth. It can't be
true you're leaving, now – I've never talked to you this much.

Uno tras otro van los muertos, bultos blancos,
en el día claro.
Por el camino vienen vestidos de verde.
Pasan delante de mí y me atraviesan. Yo les hablo.
Tú te vuelves.

Pasos apesadumbrados de hombres
que van a la ceremonia de la muerte,
pisando sin pisar las piedras
de las calles de Contepec,
con tu caja al cementerio.

Tú lo dijiste un día:
todo sucede en sábado:
la muerte, el nacimiento.
Sobre tu cuerpo, madre, el tiempo se recuerda.
Mi memoria es de piedra.

México, D. F., 2 de septiembre de 1986
Contepec, Michoacán, 7 de septiembre de 1986

White shapes in the clear day,
one after the other the dead go.
Clothed in green, coming along the road.
They pass before me and pass through me. I talk to them:
You look back.

The heavy step of men
going to the ceremony of death,
pacing without treading on the stones
through the streets of Contepec
with your casket to the graveyard.

You said it one day:
everything happens on a Saturday;
death, birth.
Mother, on your body, time is reminded of itself.
My memory is laid in stone.

Mexico, D.F., 2 September 1986
Contepec, Michoacán, 7 September 1986

Nueva expulsión del paraíso (1990)

LOS AÑOS

I

En nuestras manos no están los años,
los años están en sí mismos
más allá de nosotros.
En nuestras manos está el aire.

II

Los años están en su lugar, en apariencia,
porque fijándonos bien
no hay un lugar
donde estén los años.

III

Uno nunca se fija dónde pone los años,
o dónde cree ponerlos;
los días se quedan en nosotros
y no miran el lugar donde se han ido.

IV

Un año no nos lleva a otro,
se lleva a sí mismo;
o nos deja en nosotros,
mirándonos entre año y año.

V

Los años son como las cosas,
no nos sienten cuando los tocamos,
cuando mucho nos tocan
sin sentirnos.

Second Expulsion from Paradise

THE YEARS

I

The years are not in our hands.
The years are in their own,
out of reach.
In ours there is a handful of air.

II

To all appearances the years are in their place
because looking at it carefully,
there is no other place
the years could be.

III

One never notices where the years get to,
or where we think they do:
we are left with the days
that never look where they have gone.

IV

One year doesn't lead us, it leads
itself, to the next,
or leaves us on our own, staring
at ourselves betwixt one year and the next.

V

The years are like things,
they don't feel us when we touch them,
at very most, they touch us
without feeling it.

VI

Al año próximo nunca llegamos,
nos quedamos en el año presente,
en nosotros,
de donde nunca salimos.

VII

Estábamos afuera de nosotros
cuando miramos pasar el año,
y nunca supimos que mirábamos
pasar nuestra ausencia.

VIII

Quizás en otro mundo
aquello que miramos un momento
no fue un momento,
fue un tiempo más largo que nuestra propia vida.

IX

Aprendemos a hablar cada día el mundo,
y creemos saber por completo
el lenguaje del año,
cuando ya nos deja.

X

El año es quizás el juego serio
de la vida en la tierra,
de lo que se da sin darse
y de lo presente ausente.

VI

Next year never comes,
we stay in the year we are
inside us
where we never leave.

VII

We were outside ourselves
when we saw the old year out,
never knowing we were seeing
our own absence out.

VIII

Perhaps in another world
what we saw for a moment
was no moment,
it was a time longer than our life.

IX

Every day we learn to speak the world
and believe we know fully
the language of the year
when it's already leaving.

X

The year is the serious game perhaps
of life on earth,
of what gives of itself without giving,
and of the absent present.

INVENCIÓN DEL VIDRIO

Si el vidrio no se quebrara ... no huviera plata ni oro que se le comparara

Sebastián de Covarrubias,
Tesoro de la Lengua Castellana o Española

Un día a la Fenicia
llegó un barco con marineros hambrientos;
quienes, haciéndose de comer
quemaron pedazos de salitre;
el cual, derretido por el fuego
se volvió un claro licor flúido.
Un marinero, entonces,
cuyo nombre nadie conoce,
vio el material translúcido,
que lo defendía del aire;
tocó el cuerpo quebradizo
que la llama formadora
y la arena habían hecho.
Y para sorpresa de sí mismo,
levantó el agua fugitiva,
extendió el arroyo transparente
y vio el mundo del otro lado.

The Invention of Glass

If glass did not shatter, no silver or gold could compare to it.

Sebastián de Covarrubias
Treasury of the Castilian or Spanish Language

One day a boat arrived in Phoenicia,
full of hungry sailors, who
in preparing a bite to eat
set light to globs of saltpetre, which
fluxed by the fire
turned to a liquid, clear and flowing.
Then a sailor,
of name unknown, noticed
this material the light shone through,
that sheltered him from the draft.
He touched the brittle shape
forged of flame
and sand.
And to his own surprise,
he lifted up the fugitive water,
held out the transparent stream,
and saw the world on its other side.

La palabra es el pensamiento pronunciado en la boca.
Fr. Hortensio Felix Paravicino

Marial y Santoral, f. 159

...que a no ser de Dios palabra, no la obedeciera el tiempo.
D. Antonio de Mendoza

Vida de Nuestra Señora

Dejó su nacimiento, Guadalquivir abajo;
dejó los años de su niñez en su tierra
para pasar a Italia y restituir los autores latinos desterrados de España.
Volvió a Salamanca, abrió tienda de la lengua latina
con la intención de desbaratar la barbaria
tan ancha y luenga mente derramada.
La barbaria imperante en todas las ciencias
tenía que combatirse con el arma de la gramática:
que al borde de la ventana el ver y el verde
deben ir con el verbo y la verdad.

Elio Antonio de Nebrija, en la Universidad de Salamanca,
habló la contienda, verificó el campo de batalla,
confrontó a los vendedores de términos,
a los maestros que tenían profesión de letras
y el hábito de echar por la boca verbos;
provocó y desafió, denunció guerra a sangre y fuego:
que no es el mundo palabras ociosas,
y si hablásemos la lengua original
podríamos recobrar el paraíso.
(Su desconocimiento nos hace extranjeros en la tierra.)

Vencidos los gramáticos, triunfó sobre los juristas,
que no habían digerido los *Digestos* de Justiniano;
atacó a los teólogos que equivocaban la *Escritura*;
derrotó a los médicos, confundidos en las obras de Plinio,
y a los historiadores, ignorantes de las *Antigüedades de España*.
Examinó a los maestros lengua de buey, lengua de perro,
lengua de estropajo y lengua de víbora,
desentendidos en las voces con que el hombre articula sus conceptos.
Hasta que lo venció la muerte, verbosa de oscuridad,
que aun el otro mundo tiene su lenguaje propio.

A word is a thought pronounced by the mouth.
Fr. Hortensio Felix Paravicino
Marial and Santoral, f. 159

… if the word did not come from God, time would not obey it.
D. Antonio de Mendoza
The Life of Our Lady

He left behind the land of his birth,
of his childhood years by the Guadalquivir,
to cross over into Italy and bring back in the Latin authors,
                                banished from Spain.
He returned to Salamanca and opened a storehouse
of classical Latin, meaning to liquidate the barbarism
held far and widely in such high
stock. The barbarism dominant in the Sciences
had to be battled with the weapon of grammar
which must be put with the verdure and vision
in the window-front next to verity and the verb.

At the University of Salamanca, Elio Antonio de Nebrija
talked the campaign, identified the field of battle,
challenged the phrase-mongers,
the masters who had Letters as their profession
and the habit of spitting out verbs from their mouths.
He provoked and defied, declared – in a war of blood
and fire – that the world is not just idle words;
if only we could speak the primordial tongue
we would recover Paradise.
(Ignorance of it makes us strangers on the earth.)

After quashing the grammarians, he crushed the jurists
who had not digested the *Digests* of Justinian,
he attacked theologians who erred in their *Scriptures,*
put down the Doctors of Medicine, confounded by Pliny,
and the Historians unacquainted with *Spanish Antiquities.*
He examined the ox-tongued, dog-
tongued, loofah and viper-tongued masters, unversed
in the voices with which man articulates his notions,
till death swept over him in a babble of darkness,
for even the other world speaks a language of its own.

Los pies de Moctezuma no tocaban el suelo
y su camino no tenía puertas;
los tamemes pisaban todos los lodos
y su camino estaba lleno de cargas.

Los oídos de Moctezuma escuchaban los cantos
y su lengua profería las palabras de mando;
los tamemes recogían los insultos
y su voz era la de los cenzontles en los montes.

Para tener a sus esposas y concubinas
Moctezuma sólo se volteaba a su derecha o a su izquierda,
y su progenie sagrada se propagaba luego
por los cuatro rumbos del Imperio y de la muerte.

Las mujeres de los tamemes acogían
a los caciques y a los señores de la tierra,
y sus hijos naturales atravesaban leguas
portando con pies flacos la riqueza ajena.

Sirvientes con bezotes de cristal
servían a Moctezuma perros, pescados y patos;
los tamemes cargaban cacao y maíz,
con su comida para el camino encima de la carga.

Para conocer el pasado y el futuro
Moctezuma poseía adivinos y hechiceros,
espejos de obsidiana, animales y aves,
y cautivos que sacrificaba a los dioses.

Para saber su suerte
los tamemes miraban su condición presente,
y consultaban la desnudez y el hambre
en su propio cuerpo.

El día en que Moctezuma supo en la Casa de lo Negro
que su ruina venía a caballo
con los atavíos de un dios,
que se había perdido en el Poniente;

No door stood in his path,
the feet of Moctezuma never touched ground;
his bearers waded through all the mud
and their path was full of burdens.

Moctezuma's ears heard songs,
and words of command rolled off his tongue;
his bearers picked up his insults
and their voice was as the mocking bird's on the hill.

To possess his wives and concubines,
Moctezuma only needed to roll left or right
and then and there, his sacred offspring were fathered
onto the four corners of death and the Empire.

The chieftains and lords of the land
were entertained by his bearers' women,
and their bastards trotted leagues on their skinny feet
bearing the bounty of others.

Servants with lip-plugs of crystal plied
Moctezuma with fish and duck and dog;
on top of a load of cocoa and corn,
the bearers bore their own food for the road.

To see into the past and future
Moctezuma had soothsayers and wizards,
mirrors of obsidian; for sacrifice
to the gods, animals and captives and birds.

To tell their fate the bearers
looked at their present state
and consulted the hunger and nakedness
of their own bodies.

That day, in the House of Darkness, on which
Moctezuma knew his doom approached
on horseback, garbed like that god
who had vanished into the sunset;

los tamemes no vieron nada
en su día negro,
sólo cambiaron de dueño
en la historia de México.

ESPEJOS

Si al espejo venís a enamoraros
Romperse es fuerza, para no ofenderos.

Lope de Vega
Rimas humanas y divinas del licenciado Tomé de Burguillos

1

Cuentan magos ya desvanecidos,
que Moctezuma tenía en sus aposentos
piedras negras espejeantes,
para que las parejas perezosas
vinieran a mirarse en ellas,
y al ver sus cuerpos despellejados
el temor a la despestañada
las hiciera amarse más aprisa.

2

Dicen magos ya desvanecidos,
que Moctezuma tenía en las paredes
piedras negras de obsidiana
a propósito para la reflexión
del esqueleto y la calavera,
pues creía que sólo el día apagado
representaba la verdad de la figura.
Y decía: 'Mírate en ti mismo, como en un espejo'.

in their dark day
his bearers saw nothing,
they were merely exchanging masters
in the history of Mexico.

MIRRORS

*If thou comest to fall in love with thyself in the mirror, it will break in order not
to be thy offender*

Lope de Vega
Rhymes Human and Divine of the Barrister Tomé de Burguillos

1

Wise ones now long gone tell
how in his dwellings Moctezuma had
black mirror stones
so that lazy couples
might come to gaze at one another in them,
and spying their own flayed bodies,
fright at the one with the lidless eye
quickened their love-making.

2

Wise ones now long gone say
Moctezuma laid black stones
of obsidian along the walls
to catch the reflection
of skull and skeleton,
for he believed that only in the dying of the day
was the true shape of things portrayed.
And he would say: 'Look into yourself, as though into a mirror.'

3

Refieren magos ya desvanecidos,
que entre las mujeres de Moctezuma
una sola se espejaba en la pared oscura;
y no era la amante la que se apretaba,
sino la doncella sepultada, la inabarcable, la huesosa;
y una vez que con su imagen el hombre se empiernaba,
era imposible separarse de ella.

4

Proclaman sabios, y también ignaros,
que Moctezuma tenía en sus aposentos tantos espejos
que su estampa era vista en cada uno de ellos;
y el prójimo que la entrada trasponía,
reflejado vivo en la primera estancia
sin carnes era visto en la postrera;
espejos lo volvían de arriba abajo
y en las lunas negras perecía.

5

Cuentan magos ya desvanecidos,
que el cuerpo en el espejo
no era más cosa
que la imagen tersa
de una figura
que se retira en sueños.

3

Wise ones now long gone recount
that among Moctezuma's women
only one was mirrored in the dark wall,
and it was not the lover who was hugged
but the damsel sepulchred inside, bare-boned and unmountable,
whose semblance once it straddled his
was impossible to shake off.

4

Wise men, and even ignorant souls, maintain
Moctezuma had so many mirrors in his apartments
that his likeness was to be seen in every one;
and the next person across the threshold
reflected live in the first chamber was viewed
flensed in the hindmost one,
mirrors turned him upside down,
and in the dark mirrors he perished.

5

Wise men now long gone tell,
that the body in the mirror
was nothing more
than the sleeking image
of a figure
recoiling into dreams.

1

Si pusiéramos un espejo
debajo de la escalera
se prolongaría en otra escalera,
o nadaría en su nada.

2

Si cortas una escalera de humo, continuará subiendo.
Si rompes una de madera, se hará dos escaleras.
Si cavas una de tierra, se meterá en la noche,
o se hará igual al hombre.

3

La escalera que sube con dos manos
se apoya en el suelo con dos pies,
y la tarde violeta se ve entre sus peldaños.

4

Lo peor de la escalera
es que no sabe que es escalera;
yo lo sé,
como hombre que no sabe que es el hombre.

5

La escalera ignora cuántos peldaños tiene.
Yo los cuento: 1 2 3 4 5
                     6 7 8 9 10.

Sigue el aire.

1

If we were to put a mirror
at the bottom of a ladder,
it would extend into another ladder
or swim in its own nothingness.

2

If you cut a ladder of smoke, it goes on climbing.
If you snap a wooden ladder, it will make two.
If you dig a ladder into the ground, it will lead into the night,
or turn out like a man.

3

A ladder that climbs with two hands
rests two feet on the ground
and through its rungs is seen the violet of the evening.

4

The worst thing about a ladder
is it doesn't know it is a ladder.
I know, for I'm a man
who doesn't know what a man is.

5

The ladder doesn't know how many rungs it has.
I'll count them: 1, 2, 3, 4, 5
                6, 7, 8, 9, 10.

Next comes air.

En el mundo que circunda a la escalera
hay ruido y movimientos, pero ella
es sólo una escalera.

¿Cuántas escaleras hay en el mundo,
de madera, de piedra, de humo,
que no llevan a ninguna parte?

El deshoy es el hoy,
y el futuro es un pasado
que aún no se presenta
en la escalera.

La escalera,
que con el poema se hizo,
sin las palabras se deshizo.

6

There is noise and motion
in the world surrounding a ladder,
but the ladder is only a ladder.

7

How many ladders are there in the world
of wood or stone or smoke
that lead nowhere?

8

Noday is today
and the future is a past
that hasn't shown up yet
on the ladder.

9

The ladder
that went up with the poem
came down without the words.

Ponemos fechas a la sombra,
alambradas al presente.
Enjaulamos a los cuerpos con horarios
en pajareras de ladrillo.
Ponemos a la imaginación zapatos
y al aire camisa y pantalones.
Cercamos la mirada del hombre
y capturamos sus deseos con redes.
Ponemos cerrojos al ojo,
llaves a la mano,
límites al rayo.
Pero la vida guarda sus distancias,
el amor sus palabras
y la poesía amanece donde quiere.

GOETHE DECÍA QUE LA ARQUITECTURA

Goethe decía que la Arquitectura
es música congelada,
pero yo creo que es música petrificada
y las ciudades son sinfonías de tiempo construido,
conciertos de olvido visible.

De labrar sonidos y silencios
sobre hierro, madera y aire, no dijo nada;
quizás habló de los lugares del verbo
en que vivimos, y con eso aludió
a nosotros, fábricas de lenguaje.

De calles musicales no se ocupó tampoco,
aunque por esos ríos caminables
el hombre va a la vejez, al amor, a la noche,
a la mesa, a la cama,
como una sonata de carne y hueso.

BORDERS, CAGES AND WALLS

We pin dates to shadows,
wire-in the present.
Shut a body into a schedule,
into brick birdcages.
We put shoes on the imagination,
shirt and pants on the open air.
We fence in the outlook,
haul in our desires with nets.
We put bolts on the eyes,
locks on the hands,
limits to the lightning.
But life keeps its distance,
love to its word,
and poetry comes up where it can.

GOETHE SAID THAT ARCHITECTURE

Goethe said architecture
is frozen music,
but I believe it to be petrified music
and cities, symphonies built out of time,
concerts of visible forgetting.

Of sounds and silences wrought
into iron, wood and air, he said nothing,
perhaps he spoke about the places of verb
where we live, and that way alluded
to us language factories.

Musical streets didn't concern him either,
although man slips via these walkable rivers
into old age, love, the night,
up to the table, into bed,
like a sonata of flesh and bone.

Acostar en la tumba, tan ajena,
el largo cuerpo del día desperdiciado,
y yacer envueltos de nosotros,
en nuestra sombra, como en una capa.

¿El Frankenstein que llevamos dentro,
lo llevaremos hasta el postrer abrazo
de la hiedra arrancada de la vida
que se pudre en el jardín ruinoso?

¿O subirá el sueño de los pies a la cabeza,
para caer de golpe,
hasta las mismas raíces indecisas
de ese árbol descuajado que es el hombre?

La muerte es de los otros, te decías,
cuando los otros caían como pajas
sopladas por la enloquecida,
y tú saltabas la cuerda luminosa.

El fin será macabro, no lo dudes.
No hay peor peligro que el póstumo,
cuando se sueltan los vampiros de los sueños
y los recuerdos se sientan en la tumba.

Guárdenos Dios de los caminos pálidos de la luna.
Guárdenos Dios del Frankenstein de la memoria,
del monstruo parchado de nosotros mismos
que acecha nuestra resurrección santísima.

Quiera Dios cobijarnos con nuestras cenizas,
sin más techo ni lecho que la amorosa nada.

To be laid in the grave, so alien,
the wasted day's long body,
and lie, enveloped in us,
in our shadow, as in a cloak

Will we carry the Frankenstein
we bear inside to the last clasp
of ivy, ripped from the life
decaying in the ruined garden?

Or will a dream creep from foot to head,
only to fall back abruptly
to the same indecisive roots
of that deracinated tree which is man?

Death is for others, you told yourself
while others dropped like straws,
blown down by yon madwoman,
and you jumped the luminous rope.

Have no doubt, the end will be macabre.
No danger is worse than the posthumous one
when the vampires of the dreams are let loose
and memories sit down on the grave.

God protect us from the pale paths of the moon,
God protect us from the Frankenstein of memory,
the monster, pieced together from ourselves,
that stalks our blessed resurrection.

I wish God would cover us with our own ashes,
with no more roof nor resting place than the amorous void.

LA LUZ

La luz es el poder espiritual de Dios.

Orígenes

Dios vio antes del comienzo de las cosas, usándose a Sí mismo como luz.

Filón de Alejandría

La luz arquetípica estaba en el Logos.

Juan

A las tres en cuyo día he vivido.

Honor a Quien tuvo la primera idea de la luz y juega con su metáfora.

Gracias a Aquél que nos dio luz y ojos para mirarla.

Lumen angelicum, lumen fidei, en mi oscuridad, ¿no me contestas?

Observemos a esta existencia ígnea que aparece, toma cuerpo y se
va caminando.

Por tu luz veremos luz, dicen los Salmos.
Por tu ausencia estaremos ciegos, dice el pintor.
Por tu silencio estaremos muertos, dice el poeta.
Por tu recuerdo reviviremos, dicen los hombres.

Esta luz, dice el pintor, no se puede pintar,
apenas vislumbrar,
acaso balbucir.

Para describir la luz, dice el poeta,
se necesitan todas las palabras del idioma,
pero ninguna palabra puede transmitir
la sensación de verla brillar en tus ojos.

Para el individuo la luz es una experiencia personal,
para la especie es una forma continua de la historia;
para ti, es el rayo único del momento,
la materialización de lo indecible.

THE LIGHT

The light is the spiritual power of God.
Origen

Using himself as a light, God saw, before the beginning of things.
Philo of Alexandria

The archetype of light was in the Logos.
John

For the three women in whose day I have lived

Glory be to Whosoever had the first notion of the light and plays
                                                  with its metaphor.

Thanks be to The One who gave us light and the eyes to see it.

Lumen angelicum, lumen fidei, in my darkness, will you not answer me?

Let us watch this igneous existence that appears, assumes a body,
                                                  and passes on its way.

In your light we shall see the light, say the Psalms.
In your absence we shall be blind, says the painter.
In your silence we shall be dead, says the poet,
In your memory we will live again, the people say.

This light cannot be painted, the painter says,
scarcely glimpsed,
stammered at, perhaps.

Every word in the language is needed
to describe the light, says the poet
but no word can portray
my feeling at seeing it shine in your eyes.

For an individual the experience of the light is personal,
for the species, history in a continuous form,
for you it is the unique outburst of a moment,
the inexpressible materialised.

La luz y la vida son varias y diferentes,
en el fondo están unidas y concuerdan;
su unión procede del Uno que las ordena
del Ojo que las mira irse.

La luz es el deseo hecho cuerpo,
la duración del rayo hecho mirada.

La luz es el pensamiento visible de Dios,
es uno de sus nombres secretos,
es el principio y el fin del tiempo,
es el Ser presente.

La luz no sabe que es luz y no se ve a sí misma,
la luz es ciega como una rosa.

Los pintores de los primeros días
sabían que la luz es forma y la forma es tiempo.
Yo sólo conozco las cosas por la sombra que dejan en el suelo,
afirma el pintor.

¿Se aproxima esa hora de luces increíbles
cuando por un despliegue de imágenes felices
la conciencia se baña en un mar de claridad?,
se pregunta el poeta.

Pasamos de la luz corpórea a la incorpórea,
y se abren los ojos de la mente;
pasamos de la luz incorpórea a la corpórea,
y se abren los ojos de los sentidos, dicen los hombres.

¿Quién le dará a la luz un pasado biográfico,
ancestros y descendientes de sombra?
¿Quién la hará nacer y desnacer en un lugar del tiempo,
en la ensoñación de un ojo humano?

Life and the light are varied and distinct;
at their core, united and in accord;
their union proceeding from the One who commands them
and the Eye that oversees their going.

Light is desire made flesh,
the length of a sunbeam turned into a look.

The light is God's visible thought,
one of his secret names,
time's beginning and end,
is the presence of Being.

Light cannot see itself as light,
and is as blind as a rose.

The earliest painters
knew that light is form and form is time.
I can know things only by the shadow they make on the ground,
the painter affirms.

Does the time of unbelievable lights draw near
when the mind through the unscrolling of happy images
basks in a sea of clarity,
the poet wonders.

We pass from the light corporeal to the incorporeal
and our mind's eye opens,
we pass from the light incorporeal to the corporeal
and the eyes of our senses are opened, men say.

Who can give light a biographical past,
ancestors and descendants from shadows?
Who can give it birth and unbirth
in one place in time,
in the reverie of a human eye?

Esta luz que tarda mil años para llegar
dura un momento en el ojo.
Esta luz que se propaga instantáneamente
todavía está lejos.
Esta luz que sucede ayer y ahora
sucede aquí y allá. Esta luz que desciende a lugares inmundos
permanece incólume en la pupila.
Esta luz imposible de pensar
es la posibilidad de lo soñado.
Toda ella ve, toda ella habla, toda ella siente.

La luz es la primera y la postrera *visio Dei* en este mundo.

La luz penetra a los cuerpos con sus rayos visionarios,
de manera que materia y sueño
se vuelven actualmente,
históricamente inseparables.

La luz es la crónica del día corpóreo,
es el presente formal de lo pensado,
es el ojo del entendimiento sobre las cosas olvidadizas,
es el verbo que ilumina al hombre.

La luz, contenida en una forma,
sin cesar escapa de sí misma.
Yo juego en mis manos con la luz formal,
como con un vaso de transparencia palpable.

Cuando la luz divina entra, la humana se pone.

El carácter autorrevelante de la luz, no la revela.

Toda luz viene de arriba, toda muerte sale de adentro.

No apartes tu cara de la luz,
puedes caer en la tiniebla ubicua.

Frente a la Luz las luces de la tierra
son dependientes, limitadas, opacas;
en sus Ojos nuestros ojos son sombras,
lo vivo es una doncellez embalsamada,
un devenir postrero;
en sus Ojos, cerramos los párpados y seguimos viendo.

This light that takes a thousand years to arrive
lasts a moment in the eye.
This light, propagated in an instant,
is still far off.
This light happening now and yesterday happens
here and there. This light that falls on the foulest places
remains in the pupil unblemished.
This impossible light to think of
is the possibility of what is dreamed.
All of the light sees, all of it speaks, all of it feels.

The light is the primary and ultimate *visio Dei* of this world.

Light pierces the body with its visionary rays
in such a way that dream and matter
become actually
and historically inseparable.

The light is the chronicle of the physical day,
the presence of thought taking shape,
the eye of understanding over all forgetful things,
the word that is an illumination for man.

Light, contained in any one form, escapes
endlessly from itself.
I play with the shape of light in my hands
as if it were a glass of touchable transparency.

Where the light of heaven enters, the human sets.

The self-revealing nature of light reveals nothing.

All light comes from above, all death from inside.

Do not turn your face from the light,
you may fall into the dusk that is everywhere.

Before the Light, these lights on earth
are limited, opaque, subsidiary.
In its Eyes our eyes are shadows,
everything alive is an embalmed maidenhood,
a lattermost happening.
We close our eyelids and continue seeing through its Eyes.

Antes de que Dios fuera fijado en una forma y en un nombre
estaba Solo, profundamente Solo,
en la imaginación del hombre que estaba creando.

La luz se va volando cuando apenas llega.

El Ser es luz presente.

LA TÍA HERMÍONE

Siempre me ha inquietado la historia de la tía Hermíone,
perdida, según mi padre, un año en Yugoslavia;
extraviada, según mi tío, en el barco
que la traía de Esmirna por el Mar de Nadie.
Los sobrevivientes confunden los caminos de los muertos
con los suyos propios,
y no saben ya qué sueño, qué recuerdo es de quién.

Nunca vi el rostro de la tía Hermíone,
pero me perturba saberla perdida en la confusión del pasado,
sin posibilidad de preguntarle a ella qué sucedió,
dónde se perdió y como fue reencontrada.
¿O es que se perdió en un tiempo sin calendarios,
en un mar sin olas y en un barco sin paredes,
por la secreta decisión de escapar de aquellos que la amaban?

¿No sabía que mientras estuviese viva,
por lejos que se fuera en el País Sin Nombre,
siempre habría de volver al barco de refugiados
que es este presente, que es este planeta?
La hallaron un día, esto es seguro,
pero si se halló a sí misma alguna vez, nadie lo cuenta:
un día desapareció del mundo sin dejar más anécdotas.

Before God was befitted with a shape and a name
he was Alone, profoundly Alone
in the imagination of man, whom He was creating.

The light is barely here before it flies away.

Being is the presence of light.

AUNT HERMIONE

My Aunt Hermione's story has always disturbed me.
Astray for a year, according to my father, in Yugoslavia.
Missing, according to my uncle, on the ship
that took her from Smyrna across the Sea of No One.
The survivors confuse the routes taken by the dead
with their own
and no longer know which dream, which memory is whose.

I never saw my Aunt Hermione's face,
but it perturbs me to think of her adrift on the confusions of the past,
without it being possible to ask her what took place,
where she was lost, how found again.
Did she drift through a period without calendars
in a sea without waves, on a ship without sides,
in a secret undertaking to escape from those who loved her?

Did she realise that as long as she was alive,
as far as she might journey in the Land of No Name,
she would always return to the refugee ship
that is this present, that is this planet?
One day they certainly did find her,
but if she found herself again, nobody can tell:
one day, she vanished from the world, leaving no more tales behind.

En este valle rodeado de montañas había un lago,
y en medio del lago una ciudad,
donde un águila desgarraba a una serpiente
sobre una planta espinosa de la tierra.

Una mañana llegaron hombres barbados a caballo
y arrasaron los templos de los dioses,
los palacios, los muros, los panteones,
y cegaron las acequias y las fuentes.

Sobre sus ruinas, con sus mismas piedras,
los vencidos construyeron las casas de los vencedores,
erigieron las iglesias de su Dios, y las calles
por las que corrieron los días hacia su olvido.

Siglos después, las multitudes la conquistaron de nuevo,
subieron a los cerros, bajaron a las barrancas,
entubaron los ríos, talaron árboles,
y la ciudad comenzó a morir de sed.

Una tarde, por una avenida multitudinaria, una mujer vino hacia mí,
y toda la noche y todo el día
anduvimos las calles sin nombre, los barrios desfigurados
de México-Tenochtitlán-Distrito Federal.

Entre paquetes humanos y embotellamientos de coches,
por plazas, mercados y hoteles,
conocimos nuestros cuerpos,
hicimos de los dos un cuerpo.

Cuando ella se fue, la ciudad se quedó sola,
con sus muchedumbres,
su lago desecado, su cielo de neblumo
y sus montañas invisibles.

LOVE POEM IN MEXICO CITY

In this valley, surrounded by mountains, there was a lake,
and in the middle of the lake a city
where an eagle tore a serpent apart
on this thorny plant in the ground.

One morning bearded men arrived on horseback
and tore down the temples to the gods,
the palaces, the walls, the cemeteries,
choking off the springs and the canals.

Over the ruins, the vanquished built
the victors' houses out of those same stones,
raised churches to their God and streets
down which the days poured out of memory.

Centuries after, the masses conquered it once more,
pressing up the hillsides and down into the gorges,
channelling off the rivers and felling the trees,
and the city began to die of thirst.

One evening, along a thronging avenue, a woman came my way,
and all of one night and one day
we walked the nameless streets, the scarred neighbourhoods
of Mexico-Tenochtitlán-Federal District.

In and out of the packed people and jammed cars; through
markets, squares, hotels we came
to know our bodies, turned two bodies
into one.

Then, when she went away, the city was left,
marooned in its own millions,
its dried-up lake, the smog-bound sky,
the unseeable mountains.

Naturaleza de los ríos es correr
y su verbo fluir.
Han caído del cielo,
de la lluvia o del cerro.
Llevan en sus cauces sapos y sangre, sauces y sed.
Algunos fueron concebidos en lechos de amor
por mujeres mortales,
y dieron nacimiento a héroes, a tribus
y a hombres secos de todos los días
que los llevan por nombre.
Son figurados como un cuerpo verde
con las piernas cruzadas y los brazos abiertos,
un espejo cambiante que refleja a un ojo que huye,
un agua dulce que camina de prisa.
En la adoración de las gentes
merecieron un altar, no un templo;
se les arrojó en sacrificio caballos y bueyes,
doncellas vestidas de los atavíos
de una diosa con la cara amarillenta

En este valle verdusco,
antes corrían ríos rutilantes,
cenizos, castaños y cárdenos,
púrpuras, perdidos y pardos;
quebrajosos, vocingleros, berreando
bajaban de la montaña humeante,
salían a los llanos lerdos,
tentaban a la temprana Tenochtitlán.
Hoy van mugiendo entubados, menguados,
pesados de aguas negras, crecidos de mierda;
ríos sin riberas, risibles, con riendas,
rabiosos, rabones, ruidosos de coches;
avanzando a tumbos por la ciudad desflorada,
desembocando en los lagos letales,
y en el marcado mar, que ya no los ama.

The nature of a river is to run
and its verb: to flow.
They have poured down from the sky,
the rain and the hills,
their currents swollen with toads and blood, willows and thirst.
Some were spawned in love beds
by mortal women,
giving birth to clans and champions and dry everyday men
who carry them in their names.
They are portrayed as a green body,
legs entwined and arms spread wide,
a changeable mirror that reflects an eye
of fresh water that eddies swiftly away.
For the people's adorations
a small altar was their due – not a temple;
oxen and horses thrown in for sacrifice,
maidens garbed in the raiment of a goddess
with a yellow face.

Before, sparkling rivers ran
through this green valley:
ash grey, chestnut and opaline; rambling,
purple and dull brown,
easily shattered, they squalled and clamoured
down from the steaming mountain
onto the lazy plain
touching on early Tenochtitlán.
Today they groan, thick with black water
and swollen with shit, shrunk into conduits,
ridiculous rivers without banks – their docked tails
reined into lanes raging with cars, hurtling
down through the deflowered city,
reaching their mouth in lethal lakes
and the scarred sea that no longer loves them.

A Betty

Víctimas de la historia (o la prehistoria),
se quedaron las sombras de los que aquí vivieron,
las ropas de camino de los que ya no son.

Hay un nudo en la garganta en estas duelas,
en la ausencia entre muros que dejaron,
al pasar por las puertas cruje un pie de ayer.

A veces en la noche un elevador sin nadie
sube un piso más allá del aire,
o baja al pozo de lo que ya no es.

Con frecuencia se oye en la escalera
a hombres que vienen para arrancarnos
de los brazos del cuerpo que ya se fue.

Y nos despierta la pesadilla,
y fuera del sueño todavía soñamos
a quien desde adentro nos está matando.

No es cierto que el miedo se acaba con el muerto,
está arriba de la punta del cabello,
está abajo de la sangre del talón,
vive más allá de nosotros y el tiempo.

(Berlín, en la madrugada del lunes 15 de agosto de 1988.)

IMÁGENES DEL CUERVO

Los tarsos del rencor
recuerdan la mano que alimentó tu pico.

Si el deseo es un cuervo
que devora la carne,
la noche de tu satisfacción
es más negra que tus alas.

for Betty

History's victims (or prehistory's),
those who lived here, their shadows hang on
like the travelling clothes of those who are no more.

There's a knot in the throat of these bare floorboards,
in the absence they left behind between walls;
a foot out of yesterday creaks through the doors.

At times in the night, an elevator with no one
in it goes up one floor farther than air,
or down, to the bottom of what isn't there.

Men frequently are heard on the stairs
coming to tear us from the arms
of a body, long departed.

The nightmare awakens us
and outside of sleep we dream on
about whoever is slaughtering us from inside.

It's not true that fear dies with the dead.
It is above the ends of our hair,
it is below the blood in our heel, it lives
ahead of us and time.

(Berlin at dawn of Monday, 15 August 1988)

IMAGES OF THE CROW

The talons of rancour remember
the hand that put food in your beak.

If desire is a crow
that devours flesh,
the night on which you are satisfied
is blacker than your wings.

El aire se llena de graznidos,
cuando en la mañana confiesas tu amor
a una cuerva desnuda.

Si tu pico es más largo que tu cabeza,
tu graznido es más fuerte que tu pensamiento.

Si tu boca da graznidos,
hay un cuervo en tu pecho.

Acuérdate del cuervo en el espejo,
como si fuera la sombra de tu enemigo.

Que el día de la resurrección
no haya un cuervo en tu tumba,
porque asomado a tus cuencas vacías
devorará la gracia que te ilumina.

BALLENA GRIS

Ballena gris,
cuando no quede de tí más que la imagen
de un cuerpo oscuro que iba por las aguas
del paraíso de los animales;
cuando no haya memoria de tu paso
ni leyenda que registre tu vida,
porque no hay mar donde quepa tu muerte,
quiero poner sobre tu tumba de agua
estas cuantas palabras:

'Ballena gris,
danos la dirección de otro destino.'

In the morning, the air fills
with squawking as you profess
your love to a naked she-crow.

If your beak is longer than your head,
your caw is louder than your thoughts.

If your mouth gives off a caw,
there's a crow inside your chest.

Remember the crow in the mirror
as if it were the shadow of your enemy.

Let there be no crow on your grave
at the Day of Resurrection
for it would peck out the grace that appeared
to light your empty sockets.

GREY WHALE

Grey whale,
once there is no more left of you than an image
of the dark shape that moved on the waters
in animal paradise,
once there is no memory,
no legend to log your life and its passage
because there is no sea where your death will fit,
I want to set these few words
on your watery grave:
'Grey whale,
show us the way to another fate.'

Hija mía:
No tenemos tiempo
para vivir todo lo que nos pasa,
la vida nos da la vuelta
como la corriente de un rió a una roca,
escapándose hacia todos los instantes.
Como si estuviéramos en la biblioteca de Alejandría,
queriendo leer todos los libros,
abarcar la historia junta,
no abrimos ningún libro,
solamente abrimos los ojos
para imaginar
lo que no podemos alcanzar.

SEFARAD, 1492

Pharaon dirá a los hijos de Israel: Encerrados están en la tierra,
el desierto los ha encerrado

Éxodo, 14, 3.

Iehová dixo á Moysen: Porque me das bozes? di a los hijos de
Israel que marchen

Éxodo, 14, 15.

I

Soldados borrachos pronuncian mal tu nombre
en las calles de la ciudad cercada.
En los caminos aviesos del verano
el rebaño lascivo de los moros
ataca a tus doncellas de tetas túrgidas;
y ellas, llenas de trapos, huyen como ciervas
para caer en cacería de otros.
La luz de todo ayer zumba en los ojos;
los reyes, monumentos de olvido,
te ofrecen su amistad enemiga.
Tú vas a pie junto a tu amor cansado,
contemplas el día sin nudos como un cedro.

My daughter:
We haven't time to live everything that comes our way;
life goes round us,
like the current of a river round a rock,
slipping away in the direction of every moment.
As if we were in the library at Alexandria
wanting to read all the books,
encompass history together,
we don't open a single book,
only open our eyes
to imagine
what lies beyond our reach.

SEPHARAD, 1492

*For Pharaoh will say of the children of Israel, they are entangled in the land, the
wilderness hath shut them in.*

Exodus, 14:3

*And the Lord said unto Moses, wherefore criest thou unto me? speak unto the
Children of Israel that they go forward.*

Exodus, 14:15.

I

In the alleys of the walled city,
drunken soldiers pronounce your name badly.
On the treacherous summer roads,
a lascivious pack of Moors
attacks your virgin girls; like does
with their budding breasts wrapped in rags
they flee, tumbling into the nets of others.
The light of all your yesterdays throbs in your eyes;
kings, monuments to the forgettable,
offer you their hostile friendship.
You travel on foot beside your weary love,
you contemplate a day as clear as knotless cedar.

Al avanzar te quedas.
Palabras, bienes, ciudades enteras
se te olvidan en algún lugar.
Tu talega está llena de agujeros
por los que te sales.
Cargado vas de lo que no llevas.
Nada hay que cargar.
Todo lo ha dado el día sin que se acabe
y todavía tiene todo para dar.
Los ojos adelantados se te quedan atrás.
Nada hay que quedar.
Daría el oro por dar nada.

III

Descansa del camino al caer la mañana,
muchos se cansan antes de empezarlo.
No mires a los sueños que se hacen en torno tuyo,
serpientes de olvido muerden tus talones
y tristezas te atan a la tierra.
Arroja la nostalgia lejos de ti,
que si tu sombra pesa mucho sobre el suelo
sepárala de ti, arráncala de ti.
De ti, a quien pertenecieron estas calles,
estos cuerpos,
estos años
de la ciudad que hoy te expulsa.

IV

Hay siglos en los que no pasa nada
y años en los que pasan siglos,
el cuerpo del hombre se desdobla en el tiempo
y alcanza los milenios con la mano.

II

Going forth, you fall back.
Words, chattels, whole cities –
somewhere you forget them.
Your bag is full of the holes
you spill out of.
You go, loaded with what you cannot carry,
there being nothing to take.
The day has given everything bar an ending
and still has everything to give.
The eyes fixed ahead turn back
with nothing to turn back to. I
would give gold for nothing to give.

III

Rest from the road at dawning,
many weary before setting to.
Pay no heed to the dreams that build around you,
the serpent of forgetting bites at your heels
and sadnesses tie you to the land.
Jettison the longing,
if your shadow weighs too heavy on the ground,
pluck it from you, cast it out
of you, to whom these streets belonged,
these bodies,
these years
in a city that today expels you.

IV

There are centuries where nothing happens
and years in which whole centuries pass,
the body of a man unfolds in time
and his hand reaches down through the millennia.

Los colores violentos del día
están llenos de cuchilladas
y la cara del niño empedrada de historia.
Rotas las murallas de la vida,
el hombre es un relámpago en su cielo,
al abrir una puerta salen ríos caudalosos
y al quitar una piedra se hallan tumbas o templos.
El hombre está en el presente de la desmemoria.

V

El arduo camino del adiós ya ha comenzado,
empequeñeciéndote vas en los ojos de los que se alejan
parados a la puerta de una casa.
Espolvorea tu polvo, aligera tu cuerpo,
no admitas el arrobo que te arroja a la afrenta,
ni hieras los hijares de tus hijos
para llegar pronto a ningún lado:
no hay peor destierro que el que se lleva dentro.
Aún caído de tu condición no andas desnudo
parte el sol que te quema entre dos pobres friolentos,
entre dos mitades tuyas, la que se va y la que se queda.
Todo el aire del exilio es tuyo.

VI

No te hinches en los espejos de ti mismo,
que muchos se extasiaron con figuras que vieron
con los ojos dormidos y al abrir los párpados
vieron a un asno rebuznar a su cara.
Defiéndete del sueño aún despierto,
porque sólo conduce a la sombra de lo vivo.
Más allá de los reyes y sus provisiones,
lejos de los inquisidores y sus perros humanos
está el reino del amor infinito.
Encima de la noche en que te encierran,
los pies ligeros de la lluvia
tocan los terrones de lo irrepetible.

The day's fierce colours
are filled with stabbings
and the children's faces cobbled over by history.
The walls of life are battered through,
man is a bolt of lightning in his own heavens;
roll over any stone and it turns up tombs and temples
tug open this door and swollen rivers pour forth,
Man is in his moment of unremembering.

V

The hard road of goodbye has begun,
you dwindle in the eye of those, stopped
in the doorway of a house, receding.
Take a weight off your body, brush away your dust,
do not admit to the urgings that spur you to injury,
nor flay the flanks of your children
to get anywhere too soon:
no exile is worse than the one within us.
Though fallen in your estate you are not naked,
share the sun that burns between your two coldrife souls,
the two halves of you: one going, one staying.
The whole air of exile is yours.

VI

Don't puff up in the mirror of yourself,
many waxed ecstatic at shapes they saw
sleepy-eyed, only to raise an eyelid
and see an ass braying in their faces.
Ward off dreaming whilst still awake,
it leads only to shadows of what lives.
Beyond the kings and their provisions,
far from all inquisitors and their human
curs there is a kingdom of limitless love.
High above the night they shut you
into, the light feet of the rain play
on the clods of something unrepeatable.

VII

Dicen que aún sin recuerdos morirás de añoranza,
que frente al agua te ahogarás de sed,
sueños estancados te saldrán al encuentro,
calles de tus pasos te desorientarán,
la ira tuerta se tapará el ojo sano
para matarte con la justicia ciega.
La ciudad de las generaciones ya no es tuya,
fantasmas piadosos engendraron en tus hijas
herejes de sangre y sombra.
Aquellos que te expulsan sólo son un reflejo
en el espejo de Aquel que está en ninguna parte.
Sólo Aquel que no habla, existe. Sólo a Él, que no veo, estoy mirando.

VIII

En Sefarad liquidamos nuestras deudas,
cambiamos casas por asnos y dejamos haciendas,
y para que anduviesen el infortunio a la sombra de maridos
casamos a nuestras hijas de doce años para arriba.
Desde el día del decreto de Expulsión
nuestros bienes fueron secuestrados,
nuestras personas no tuvieron derecho
a que se les hablase en oculto ni en público.
Las biblias, las sinagogas y los cementerios
fueron confiscados por los perros del Señor.
Temprano en la mañana emprendimos el camino del destierro
hasta la noche cerrada de la historia.

VII

Even without a memory, they say, you will die
of homesickness, drown in thirst by the water's edge;
mired dreams will steal out to meet you,
your own footsteps in the streets make you reel;
the one-eyed ire blots out the good eye
allowing blind justice to slaughter you.
The City of Generations is yours no more,
devout ghosts will be sired on your daughters,
heretics of blood and shadow.
Those who expelled you are mere reflections
in the mirror of That One who is no-place. Only That One,
who speaks not, exists. Only to him, The One I see not, do I look.

VIII

In Sepharad, we settled our debts,
quit our estates, exchanged houses for asses;
our daughters of twelve and up married off,
so they might cross over adversity
in the shadow of a husband.
From the moment of the Expulsion Order
our goods were seized.
We had no rights as persons to be spoken
to in public or in private.
The Bibles, synagogues and cemeteries
were confiscated by the dogs of God.
From the early morning we took the road into exile
as far as the impenetrable night of history.

IX

Antes de dejar Sefarad ya la habíamos dejado,
a pie, a caballo, en asno y en carreta,
en duras jornadas llegamos lejos de nosotros mismos;
por caminos de herradura, carreteros y reales,
y aún descaminados, anduvimos el tiempo hacia el exilio.
El Sol, la Luna, el polvo y los arroyos fueron a nuestro paso,
mañanamos en tierras dilatadas sin habernos acostado;
el carretero de noche descansó de su fatiga,
pero nosotros no: Aún en la muerte seguimos caminando.
En la maraña de los montes nos prometió el marrano
un mar de maravedís y maravillas.
Sólo hubimos la huesa hollada por el hombre.

X

Expulsados de Sefarad, que se expulsó a sí misma,
arrojados de las plazas de los fieles
y sus fiestas seglares y religiosas, no de su fuego,
desnudos, descalzos y piojosos,
las hijas violadas, los hijos acuchillados
por los moros de todos los caminos,
las puertas de la Inquisición se abrieron para nosotros.
Pagados los portazgos y las pechas al rey Fernando,
cubiertos los cruzados al rey Joao de Portugal,
que nos acogió en su reino cristiano para vendernos luego,
con nuestro Dios y nuestra historia a cuestas
nos fuimos de Sefarad, que se expulsó a sí misma.

Before leaving Sepharad, we were already departed,
on foot and on horseback; by ass and by cart
far from ourselves we arrived by hard stages,
along roads hardened for hooves, along carriageways and King's ways,
even on wrong roads we walked all the while into exile.
The Sun, the Moon, the dust and the streams kept up with us,
without ever lying down, we rose early in wide open country.
The carter rested at night from his fatigue,
but not us. Even in death we kept on walking.
In the mountain thickets the *marrano* promised us
a mass of maravedis and marvels.
We got only a grave trodden on by men.

X

Cast out from Sepharad, which cast itself out,
expelled we were from the squares of the faithful,
their religious and secular festivals, but not their fires;
lice-ridden, naked, and bare of foot,
our daughters ravished, our sons stabbed
by the Moors along every road,
the gates of the Inquisition opened for us.
The tolls and taxes paid to King Ferdinand,
covered the cruzados for King Joao of Portugal,
who collected us into his Christian kingdom to sell,
with our God and our history upon our backs
we left a Sepharad which had cast itself out.

Vendrá un nuevo Moisés con el rostro radiante,
cantará los viejos himnos del desierto,
alzará la vara y extenderá la mano
y entrarán los hijos de Sefarad
por en medio de la mar en seco.
Las aguas serán paredes a derecha e izquierda,
la amargura se apartará de nos, sin mojarnos siquiera.
Nos iremos cantando entre las aguas rojas,
sanos y salvos, como antaño nos fuimos otros.
Se cerrarán las olas justicieras
sobre los reyes y los inquisidores de este mundo.
La luz que nos abra los ojos durará mil años.

XII

Desde sus tumbas trasegadas por los perros del Señor,
desde las cajas negras donde van sus cenizas
a los autos de fe, plazas de toros
donde los jueces de la Santa Inquisición
muerto el cuerpo liberan el alma a su delirio,
nuestros abuelos nos observan marchar
al exilio de Sefarad, y no pueden nada.
Sellados los labios por un silencio
más largo que la soga que nos ata a la vida,
atados los ojos por un sueño más grande que el de la muerte,
proferido el nombre de Dios desde los terrones del hombre,
a los muertos sólo los sabe la tierra.

XI

A new Moses shall come with a shining countenance,
he shall sing the ancient desert hymns,
shall lift up his rod and reach out his hand,
through the midst of the dry sea
shall the children of Sepharad pass.
The water shall stand as walls to right and left,
the bitterness depart, without ever wetting us.
Safe and sound, through the red water we will go
singing as we others, years before, went through.
Over the kings and the inquisitors of this world
the waves of justice will close.
The light that opens our eyes will last a thousand years.

XII

From their graves dug up by the dogs of God,
from the black boxes where the ashes go
into auto-da-fés – the bull rings where
the body dead, judges for the Holy Office
free the soul into its frenzy –,
unable to do anything, our grandsires watch us
set forth into exile from Sepharad.
Their lips sealed into a silence
longer than the rope that lashes us to life,
eyes lashed to a dream greater than the dream of death,
God's name blurted out by clods of men, the dead
are known only to the clay.

XIII

Esta tierra de destierro es el terrón de sal
con que bebo mi sed,
estos ojos que desmiran son mi hambre de hombre.
Amorrado el amor, amortajado de ti,
mi hoy es tu deshoy, y ambos un desoy.
Estos campos caducos ya no me reconocen,
sombra y desombra se disputan tu cuerpo,
perdido mi lugar no tengo ya asiento en este mundo.
La luz que me alumbra quema.
Castillo de fuego soy en las plazas del horror,
donde el pueblo menudo viene a ver
el drama del juicio final en mi pasión.

XIV

Encerrado en las mazmorras del fervor
no me dan de comer ni de beber,
pero toda la oscuridad es mía.
Los hombres, no la tierra, me destierran:
en Burgos me echan de Burgos,
en Vitoria me prohiben comer,
en Sevilla me convierten en estatua de fuego.
Yo, los otros, los Caballería, los Lunbroso,
no tenemos lugar en el mundo de los hombres.
Mas, qué importa el destierro, si los que aquí caminan,
zapateros, sastres, médicos, remendones
no vinieron para quedarse más de una jornada.

XIII

This land of exile is a lump of salt
from which I sup my own thirst,
these eyes that mis-see are a human hunger in me.
Love has died, enshrouded in you
my today is your no-day, and in us both, no-I am.
These bygone fields no longer know me,
shadow and unshadow war over your body;
this abode of mine gone, I have no place in the world.
The light that lights my way burns.
A tower of fire am I in the terrifying squares
where commonfolk crowd in to see
the doomsday drama of my passion.

XIV

Shut into the dungeon of their devotion
they give me nothing to eat or drink,
but the darkness is all mine.
Men, not the land, exile me;
in Burgos, they hound me out of Burgos,
in Vitoria I am forbidden to eat;
in Seville they turn me into a fiery statue. I,
and the others, the Caballerías, the Lunbrosos
have no place in the world of men.
Besides, what does exile amount to, if for those who step by
here – cobblers, tailors, physicians, menders –
their stay only comes to a day.

XV

Como una procesión de sombras
por la serpiente de olvido de la historia,
vemos en el mar la forma del exilio.
En el puerto de Santa María el rabino alza la vara,
extiende la mano para partir las aguas
y para que nos salvemos de nosotros mismos.
Pero el mar no se abre en dos mitades,
las olas no se cierran sobre los inquisidores,
el horizonte anuncia el hambre y la peste
y la sola vista de las naves ensombrece a los expulsos.
La realidad del destierro se nos hace presente,
la justicia de los hombres es insoportable.

XVI

Tú que ibas por el mar en carreta y por la tierra en barca,
creíste al rabino predicando: 'El destierro viene de Dios'.
El destierro no viene de Dios, viene del hombre:
tu vecino, tu amigo, tu pariente.
Vanas fueron las palabras del profeta
que aseguró llevarnos a la tierra prometida,
sacándonos de Sefarad ricos y con mucha honra.
El rey se apoderó del único paraíso que teníamos, la vida;
nos quitó las llaves de las puertas, el presente;
se adueñó de las cosas que mirábamos, el sueño;
su nombre se inscribirá con oro
en las placas del tiempo y de la muerte;
el nuestro se grabó en las cenizas.

XV

Like a procession of shadows along
the serpent of history, of forgetting,
we see the shape of exile on the sea.
In the port of Santa Maria, the rabbi raises his rod,
holds forth his hand to part the waters
to preserve us from ourselves.
But the sea does not open in two halves,
does not close over the Inquisitors,
the horizon ill-omens plague and starvation
and the sight of the ships alone saddens the expelled.
The reality of exile sinks home:
men's justice is unbearable.

XVI

You who drove your cart over the ocean, your boat over the land,
gave credence to the rabbi when he preached: 'This exile comes
from God.'
The exile comes not from God, but men –
neighbours, friends, your own kin.
Vain words those of the prophet
who swore he'd lead us to a promised land,
lead us, rich and hugely honoured, out from Sepharad.
The king took possession of the only paradise we had: our life,
took our keys to the gate: the present,
took for his own what we searched for: a dream.
On the tablets of the afterlife and time,
his name is engraved in gold;
ours is graven in ashes.

El poeta en peligro de extinción (1992)

Cuando hable con el silencio

cuando sólo tenga una cadena
de domingos grises para darte

cuando sólo tenga un lecho vacío
para compartir contigo un deseo
que no se satisface ya con los cuerpos de este mundo

cuando ya no me basten las palabras del castellano
para decirte lo que estoy mirando

cuando esté mudo de voz de ojos y de movimiento

cuando haya arrojado lejos de mí
el miedo a morir de cualquier muerte

cuando ya no tenga tiempo para ser yo
ni ganas de ser aquel que nunca he sido

cuando sólo tenga la eternidad para ofrecerte
una eternidad de nadas y de olvido

una eternidad en la que ya no podré verte
ni tocarte ni encelarte ni matarte

cuando a mí mismo ya no me responda
y no tenga día ni cuerpo

entonces seré tuyo
entonces te amaré para siempre

The Poet in Danger of Extinction

A LOVE POEM

When I speak into the silence

when a chain of grey Sundays
is all I have to give

when a bare bed all
I have to share this passion on
that the bodies of this world can't satisfy

when the words in Spanish don't suffice
to say what I see

when my eyes and motion and my voice
are struck dumb

when I have cast out the dread
of dying every death

when I have no more time to be me,
or yen to be what I've never been

when an eternity of nothings and unremembering
is all I have to offer

eternities in which I cannot see or touch you
stir you to jealousy or murder you

when I can no more answer for myself
than I have day or body

then will I be yours
then I will love you always

Llueve en Contepec, mi padre está en la tienda
y las tijeras en su mano se abren como dos cuchillas.

Las tijeras al cerrarse rasgan la manta, tela de pobre,
como si la vida se vendiera por centímetros.

El metro sobre el mostrador ignora lo que mide,
¿o su madera mide en secreto la tristeza de mi padre?

Porque tendero y cliente parecen cortados por la misma tijera,
la de la tristeza sin razón ni límite.

Llueve en Contepec, la tarde empedrada viene por la calle
hacia la casa donde mi madre cuece los duraznos.

Es una tarde verde que anda por los cerros
y abre la puerta del zaguán, puerta de toda maravilla.

La yegua de la noche

'Hay un verso (de Shakespeare) que dice:
I met the night mare.'

Jorge Luis Borges, 'La Pesadilla'

La yegua de la noche
lo hizo venir en sueños
y besar el aire.

Con las manos perdidas
se asió a ella,
quien no tenía orillas.

Adentro de sí mismo,
ella se volvió vacío
y pared helada.

Nunca se había hundido tanto
en un vientre tan cerrado y duro,
como en esa carnalidad lejana.

226

PORTRAIT OF MY FATHER WITH SCISSORS

It rains in Contepec, my father is inside the store,
the scissors in his hand opening into two blades.

When they shut, the scissors pinch at the bolt of cheap cotton cloth,
as if life were being sold by the centimetre.

Is the metre strip on the counter oblivious to what it measures,
or does its wood mete out, secretly, the sadness in my father —

for shopkeeper and customer appear cut by the same scissor
of limitless, unreasoning sadness.

It rains in Contepec, the cobblestoned afternoon comes down the
                                                                    street
to the house where my mother is stewing peaches.

The evening is green that drifts across the hills
and in through the front door, doorway of all delight.

THE NIGHT MARE

'There is a verse (of Shakespeare's) that says:
I met the night mare.'
            Jorge Luis Borges, 'The Nightmare'

The night mare
made him come in dreams
and kiss the air.

His flailing hands
gripped she who had
no shore.

Inside: she
grew void,
a wall of ice.

Never, as in that isolated
carnality, had he sunk so deep
into so hard and fast a belly.

¿Quién es ella? – se preguntó,
abrazado a sí mismo,
mientras el hombre y la mujer
que él había sido,
lo miraban desde el borde de la cama
húmedos de amor.

VISTA DEL VALLE DE MÉXICO DESDE CHAPULTEPEC, CIRCA 1825

Todo el valle se abre desde lo alto
de la roca pórfida de Chapultepec
este viernes de julio, después de la lluvia.

Caminos de álamos y olmos llevan a la ciudad,
salen de la ciudad bañados por las aguas
del lago de Texcoco, plateado de orillas.

Hacia el sureste, los dedos púrpuras del Sol postrero
acarician los hombros nevados de la Mujer Blanca
y el cono estricto de la Montaña Humeante.

Por el Norte, en la falda del cerro del Tepeyac,
más allá de las praderas mojadas de luz,
aparece el santuario de la Virgen, morena de tierra.

Allá entre los magueyes, por donde las calles verdes
van hacia el Oriente, viene una mujer sola, la bisabuela
de mi madre, en la que yo ya voy, enamorado y diurno.

En el lejano Sur, todo Sur es lejano,
por camino carretero el día viejo se dirige a San Ángel
y el ojo, lleno de azul, parece querer irse de viaje.

Los pueblos indios se duermen entre los sembrados,
la ciudad culebrea metiéndose en la noche, y un colibrí
forma de la fuga, se figura en las fauces del felino amarillo.

El tiempo mece la cabellera verde de los sauces;
en el Poniente, un cenzontle retumba
y el paisaje se anima, el pasado se mueve.

'Who is she?' he wondered,
hugging himself, while damp
with love the man and woman
he had been stared at him
from the edges of the bed.

VIEW OF MEXICO CITY FROM CHAPULTEPEC, CIRCA 1825

After the rain on this Friday in July,
everything in the valley spills out from the cap
of porphyry rock on Chapultepec.

Carriageways of elms and poplars lead
into the city, and exit, bathed in waters
by the silvered shores of Lake Texcoco.

To the southeast,
the dying sun's purple fingers
stroke the snowy shoulders of the White Lady
and the stern peak of the Smoking Mountain.

To the North on the outskirts of Tepeyac, above
and beyond the meadows wet with light,
the shrine of the earth-brown Virgin appears.

There, between the magueys, where the green streets
veer east, a woman is coming on her own, greatgrandmother
of my mother, in whom I'm well underway, diurnal and in love.

In the deep South (every South is deep),
along the carriageway, an aging day makes for San Angel;
and full of blue, the eye appears set on travelling.

Among seeded fields the Indian villages sleep
and the city slithers into the dark; a hummingbird, the very
shape of flight, feels caught in the jaws of a yellow cat.

Time swings through the green tresses of the willows,
in the West a mockingbird is echoing loudly,
the landscape comes alive, the past moves.

A Cloe

El insomnio comienza en la cuna.
Recién despierto de la eternidad
el hombre no tiene sueño
ni ganas de dormir;
rodeado de tanta vida que no ha visto,
abre los ojos para mirar la luz
al borde de sus manos.

El insomnio sigue toda la vida,
el hombre,
deslumbrado por tanta aurora
al borde de las cosas,
no quiere cerrar los ojos
por miedo a quedarse ciego
o a ya no abrirlos nunca.

El insomnio continúa en la tumba.

LLUEVE en mi cuarto,
el agua moja las paredes.

El cuarto no tiene tejado,
el cielo nada en mi pecho.

Un árbol crece en mi mente
en su follaje gorjea la lluvia.

Toda la noche cantan los álamos
la lluvia suena en mis manos.

Toda la noche siento en mi cuerpo
el cuerpo resbaladizo de la lluvia.

Toda la noche veo llover
las semillas blancas de mis ojos.

Al alba me levanto. Toco la luz
con manos líquidas. Yo soy la lluvia.

Insomnia Begins in the Cradle

For Chloe

The insomnia begins in the cradle.
Newly-aroused from eternity,
a man is not sleepy,
nor does he want to sleep.
Surrounded by so much life he's never seen before,
he opens his eyes to look at the light
along the rims of his hands.

The insomnia lasts lifelong,
and a man,
dazed by so much dawning
on the rim of things,
doesn't want to shut his eyes,
afraid of going blind, or never
opening them again.

The insomnia goes on in the grave.

IT IS raining in my room,
the water soaks the walls.

The room has no ceiling;
the sky swims in my chest.

Its foliage gurgling with rain
a tree sprouts in my mind.

All night long the poplars are chanting
the rain drums on my hands.

All night through my body
I feel the slippery body of the rain.

All night I see the blank seeds
teeming from my eyes.

At dawn I rise. I touch the light
with my liquid hands. I am rain.

1

– El poeta está en peligro de extinción
– dijo el señor de los bigotes.

– El poeta es alguien de otra época
que va por el día diciendo cosas
que nadie entiende – dijo la señora.

– El poeta habla el lenguaje olvidado
de los hombres, mientras un albañil
se cae de un edificio – dijo el comerciante.

– El poeta escribe libros que nadie
quiere publicar ni vender ni leer
– dijo el profesor.

– Deberíamos forma una sociedad
para proteger a los poetas
en peligro de extinción – dijo la señora.

2

– Baudelaire nunca fue popular
– dijo el señor de los bigotes.

– A Dante, después de setecientos años
poca gente lo lee – dijo la señora.

– Góngora, absuelto y resurrecto
ha caído de nuevo en el olvido – dijo el profesor.

– ¿Qué podríamos hacer para que el público
conozca más a los poetas? – preguntó el comerciante.

– Nada, absolutamente nada – dijo el poeta.

– ¿No decían que esta clase de hombre
estaba ya en peligro de extinción?
– preguntó el señor de los bigotes.

1

– The poet is in danger of extinction –
said the man with the moustache.

– The poet is someone from another age
who wanders through the day saying things
nobody understands – said the woman.

– While your bricklayer falls off a building,
the poet calls to us in the dead
language of mankind – said the shopkeeper.

– The poet writes books nobody
wants to read or sell or publish –
said the Professor.

– We ought to form a society
to protect these poets
in danger of extinction – said the woman.

2

– Baudelaire never was that popular –
said the man with the moustache.

– Dante, after seven hundred years
hardly anybody reads him – said the woman.

– Gongora – after the revival and reappraisal
is ignored all over again – said the Professor.

– What can we do so the public gets to know
poets better? – asked the shopkeeper.

– Nothing, absolutely nothing – said the poet.

– Didn't they say this was the type of person
who was already in danger of extinction? –
asked the man with the moustache.

3

Dijo el poeta:
Por las calles del neblumo
ensartar lunas;
en el mundo de la comunicación
expresarse en lenguajes olvidados;
en el mercado de las cosas
que se huelen, se comen y se palpan,
o duran mil años guardadas,
tocar el cuerpo de la mujer inexistente.
Frente a la ventana de mi cuarto
ver pasar a mi doble entre las coches
como a un animal en peligro de extinción.

EL VACÍO

(Obra en un acto)

Un cuarto. En las paredes no hay un cuadro,
una grieta, una mancha, una araña.
Del techo, de cordones pelados, cuelgan dos focos fundidos.
La entrada, sin puerta, da a una pared verde sucio.
La ventana, con el vidrio quebrado, no tiene hora.
En un rincón hay una mesa con nada.
En el silencio que sigue no se oyen pasos, voces ni crujidos.
En el cuarto no hay nadie. Nadie llega.
La obra puede durar un minuto o toda la vida.

The poet said:
String moons
through the smoggy streets;
in the world of communication
reach out through the dead languages;
in a marketplace of goods
that are smelled, pawed over, eaten
or shelved for a thousand years,
touch the body of a woman who never was.
See, in front of my bedroom window
the poet, my double, dodge between the cars,
like an animal in danger of extinction.

VACANT

(A play in one act)

One room. No picture on the walls –
not a crack, stain, spider.
Two dead bulbs hang by frayed cords from the ceiling.
The doorless entrance leads into a grimy green wall.
The window, with the broken pane, is timeless.
In the corner, there is a table with nothing on it.
In the silence that follows no steps, creaks or voices are heard.
No one is in. No one is coming.
The play could take a minute or a lifetime.

Arzobispo haciendo fuego (1993)

ARZOBISPO HACIENDO FUEGO

Arzobispo haciendo fuego
con los libros del indio de Mesoamérica
vuelve las palabras humo,
mientras las figuras pintadas
se retuercen en las llamas
como si estuviesen vivas.

Arzobispo haciendo fuego,
aúlla.

ZAPATOS AL PIE DE LA CAMA

Hoy al despertar hallé mis zapatos al pie de la cama.
Perros atados de sus agujetas
para que no se separen uno de otro.
No vaya a ser que, olvidados de mí,
partan en sueños al pueblo de mi infancia
y jamás regresen.

ESTÁ MÁS LEJOS RÍO DE RÍO

Está más lejos Río de Río que tú de mí,
¿cómo es eso?
¿Cómo es que acabando de llegar ya te hayas ido
y teniéndote cerca de mí toda la vida
no te he tenido nunca?

¿Cómo es que mirándote en el espejo
has desaparecido del cuarto
y después de tanta presencia
sólo tenemos la ausencia?

Archbishop Building a Fire

ARCHBISHOP BUILDING A FIRE

Archbishop building a fire
with the books of the Mesoamerican Indian
turns the words into smoke
while the painted characters
twist in the flames
as if they were alive.

Archbishop building a fire,
howls.

SHOES AT THE FOOT OF THE BED

Waking today I found my shoes at the foot of the bed.
Dogs tied by their laces
so they won't get separated one from the other.
What if, forgetting me, they make off
in dreams for my childhood town
and never come back?

IT IS FARTHER FROM RÍO TO RÍO

It is farther from Río to Río than you to me.
How is that?
How is it you've just arrived and you've already left
and having you near me all life long,
I've never had a grasp of you?

And how is it, watching you in the mirror,
you disappear from the room
and after so much presence
we grasp the absence, only?

A veces hago ejercicios para la oscuridad,
ejercicios para quedarme ciego y para la muerte,
ejercicios para afrontar el mundo descarnado
con la sola mente.

Temprano en la noche me levanto,
recorro mi cuarto como si fuese mi cuerpo,
ando a tientas entre mis recuerdos,
acumulo palabras y apuntalo mi nada.

Con los ojos cerrados palpo las facciones de mis hijas,
sus cabellos y sus mejillas toco,
y sobre todo sus labios,
donde la palabra hizo la luz un día.

Aprendo a acariciarlas de memoria,
porque lo que vemos desaparecerá una tarde,
no de su lugar ni de su cuerpo,
sino de nuestros ojos.

LUGARES Y DIOSES ROTOS: *Delos*

A Eva Sofía

Yo, Peisistratos, mando
que nadie nazca ni muera
en esta isla,
que a las mujeres encintas
y a los viejos,
símbolos de la mortalidad,
no se les deje desembarcar aquí,
que en esta isla,
purificada del tiempo,
sólo nazcan y mueran
las hormigas y las flores.

At times I do exercises for the dark,
exercises for being left blind and for death,
exercises to face, with the mind alone,
a world stripped of the flesh.

Early in the night, I get up.
I pace round my room as if it were my body,
I grope through my memories,
I gather words to gird my nothingness.

With my eyes closed, I feel for my daughters' features,
I touch their cheeks and hair,
and most of all their lips,
where the word one day made light.

I learn to caress them from memory
because one afternoon what we see shall vanish,
not from its place or its body,
but our eyes.

SHATTERED GODS AND PLACES: *Delos*

For Eva Sophia

I, Pisistratus, decree
that no one is born or dies
on this Island.
That pregnant women
and the elderly,
symbols of mortality,
not be permitted to disembark here,
that on this Island
purged of time
only ants and flowers
be born and die.

He visto olvidos de todos tamaños
al pie de las cosas,
más largos que sombras.
Olvidos junto al árbol que corre
y junto al río que crece,
olvidos en las manos que aprietan
los senos que huyen presentes;
olvidos que salen a nuestro encuentro
en forma de cuerpos
y pequeños silencios.
He visto olvidos antes del sueño,
y olvidos sobre olvidos
en el movimiento amoroso.
Yo he hecho una vida de olvidos,
un camino de olvidos,
una obra de olvidos.
El día que me muera
no será el día de mi muerte,
será el día de mi olvido.
El olvido de mi principio
se juntará al olvido de mi final.
Y todo, adentro y afuera de mí,
será olvido.

FORGETTINGS

I have seen forgettings in all sizes
at the foot of things,
even longer than their shadows.
Forgettings next to a tree that runs
and next to a river that grows,
forgettings in hands that tighten
around breasts that flee being there,
forgettings that come out
in the shape of bodies
and small silences to meet us.
Before sleep, I have seen forgettings
and in the movement of love
forgettings on top of forgettings.
I have made a life of forgettings,
a way of forgettings,
a work out of forgettings.
The day I die
won't be the day of my death,
it will be the day of my forgetting.
The forgetting of my beginning
will be joined to my ending's.
And all, within me and without,
will be a forgetting.

Tiempo de ángeles (1994)

Tiempo de ángeles

Y Dios dijo: 'Hágase el ángel'.
Y el ángel fue hecho de palabras.
Y el hombre dijo: 'Hágase el ángel
de palabras interiores.
Sea el ángel a semejanza de mi espíritu'.
Y Dios dijo: 'Que cada hombre
tenga en el cielo un ángel
a su imagen y semejanza
y cuando muera se haga uno con él'.
Y el hombre dijo: 'Si Dios no creó el ángel,
la imaginación debe crearlo,
porque si hay un vacío entre Dios y yo
no puede haber comunicación entre nosotros.
Es preciso que exista
un espíritu intermediario
entre el cielo y la tierra,
entre lo invisible y lo visible,
entre lo espiritual y lo material'.
Dios dijo: 'El hombre llegó tarde
para el tiempo de los dioses
y temprano para el ser,
el ángel llegó a tiempo
para los dos tiempos'.
El hombre dijo: 'Entonces,
el ángel es el cuerpo
que une los dioses y el ser,
es el puente que junta
la mirada con lo mirado'.
Dios dijo: 'Para que se entiendan
los ángeles y el hombre,
que los ángeles en la tierra hablen
el lenguaje de los hombres
y los hombres cuando sueñan
hablen el lenguaje de los ángeles;
porque hay una lengua original
que comprenden los ángeles
de todas las épocas y todas las razas

A Time of Angels

A TIME OF ANGELS

And God said: 'Let an angel be made.'
And the angel was made out of words.
And man said: 'Let the angel be made
out of the words within.
Let the angel be in the likeness of my spirit.'
And God said: 'Each man shall have
an angel in heaven
in his own image and likeness,
and when he dies, let him be one with it.'
And man said: 'If God will not create
an angel, the imagination should,
for if there is a void between God and I,
there can be no communicating between us.
It is meet that a spirit
intermediary exist
between heaven and earth,
between the visible and the invisible,
between matter and the spirit.'
God said: 'Man is come late
for the time of gods
and early to be a being;
the angel arrived in time
for the two'.
Man said: 'Then,
an angel is a body
which joins a being to the gods,
a bridge uniting
the look with what is looked at.'
God said: 'So that angels and men
may understand each other,
let the angels on earth
speak in the language of men
and men when they dream
speak in the language of angels
because there is an original tongue
which angels of all ages and all races
understand,

y es la que está hecha de poesía'.
Dijo el hombre: 'Entonces,
un ángel sabe cuando está delante de otro ángel,
no por lo que se dice y se revela,
sino por la luz que sale de sus ojos'.
Dijo Dios: 'Los ángeles no pueden ser vistos
por los ojos, porque están en nuestros ojos'.
Dijo el hombre: 'Entonces, el ángel
que buscamos en el mundo
está adentro de nosotros, es nosotros'.
Dios dijo: 'Cuando el hombre
se encuentre consigo mismo,
sea el ángel que buscaba en el mundo.
Porque el cuerpo de ambos
está hecho de palabras interiores'.
El hombre dijo: 'El ángel que no veo,
que no me ve, que va conmigo,
es el que seré, cuando yo muera'.
Dios dijo: 'Que el ángel del hombre
viva más allá del hombre,
se levante sobre su cadáver
y cobre su existencia verdadera.
Que el ángel tenga la forma
que el hombre quiera darle'.
Dijo el hombre: 'Entonces,
el ángel tiene el cuerpo
que la imaginación le da,
el ángel pintado en mi espalda,
el ángel tatuado en mis brazos,
me cubrirá la espalda
y me protejerá los brazos.
Un día será semejante a mí mismo'.
Y Dios dijo: 'El ángel, en este tiempo
de negrura que se aproxima,
sea mensajero de la luz.
El ángel sea igual al hombre.
Porque este es un tiempo de ángeles'.

which is composed of poetry.'
Man said: 'Then, an angel knows
when it stands before another angel,
not by what they display or say,
but by the light coming from their eyes.'
Said God: 'Angels cannot be seen
by the eye for they are in our eyes.'
Said man: 'Then, the angel
we search the world for
is within us, it is us.'
God said: 'Once he has met up
with himself a man may be the angel
he has sought throughout the world.
For the bodies of the two are wrought
out of the words within.'
Man said: 'The angel I do not see,
who goes with me, but does not see me,
is what I shall be when I die.'
God said: 'Let the angel of man
have a life far beyond him,
let it rise out of his corpse
and come into its true existence.
Let the angel have whatever form
man wishes it.'
Said man: 'Then, the body
of an angel is what
the imagination makes of it,
the angel painted on my back,
the angel tattooed on my arms
will cover my back
and stand guard on my arms.
One day it will be the likeness of myself.'
And God said: 'Let the angel
in this time of darkness that is coming
be a messenger of light.
Let the angel be the equal of man.
For this is a time of angels.'

Creía que era la última noche del mundo
y que en el horizonte iban a aparecer los ángeles,
los de la luz y los de la oscuridad,
y en la contienda mortal muchos perecerían.
Los hombres serían los espectadores de la batalla
entre las huestes del bien y del mal.
De las nubes caerían los oros del día desgarrado.

Pero no era la última noche del mundo,
era una noche más que no iba a volver al mundo.
Parado frente a la ventana de un cuarto que daba
a un río desaparecido, sobre unas casas grises,
un ángel pensaba en los cuerpos de agua que habían sido,
oía en la distancia la historia de su niñez perdida.
El río corría en el ayer, que es un futuro hacia atrás.

La virgen, una india mazahua, pedía limosna en la calle,
pero nadie la socorría con un quinto,
porque la calle estaba llena de indias mazahuas
y se necesitaba un costal de monedas para darles a todas.
Y porque nadie tenía las piernas flacas
y los bolsillos rotos. La calle era una soledad de concreto
que se perdía entre otras soledades de concreto.

Me dolía la cabeza al ver qué habían hecho
los hombres con el agua y con los pájaros,
y con los árboles de la avenida, y con la vida.
Me dolía la cabeza al ver mi sombra en la calle
y por saber que el fin del mundo se acercaba
por todos los caminos y todos los instantes.
Un mendigo de ojos fulgurantes me seguía.

Había frutas de plástico y animales disecados
en las vidrieras de las tiendas del hombre,
fotografías de la Tierra cuando todavía era azul
y de bosques hace tiempo destruidos.
Hambriento de memoria, pero más de mí mismo,
di vuelta en una calle, buscando sorprender
al mendigo, mi doble.

I believed it was the last night of the world
and the angels of light and dark would appear
on the horizon and many would go down
in mortal conflict. In the battle
between the hosts of good and evil,
man would be made spectator; the golds
from the sundered day, tumble from the clouds.

But it was not the last night of the world,
only one more night that would not come back to the world.
Standing at the window of a room that looked out
over a few grey houses and a vanished river,
an angel was thinking about the bodies of water that had been.
It heard the story of its lost childhood in the distance;
the river ran through yesterday, which is the future running backwards.

The virgin, a Mazahua Indian, was begging in the street,
but nobody would give a dime to help her
because there was a street full of Mazahua women
and it would take a sack of coins to give to all.
And because this nobody had holes in his pockets
and bony legs. The street was a concrete
loneliness lost in other lonelinesses of concrete.

It made my head ache to see what men had done
to the water and the birds,
to the life and the trees along the avenue.
It made my head ache to see my shadow in the street
and to know that down every road and every moment
the end of the world drew nigh. A beggar
with shining eyes was pursuing me.

In the shop windows of men, there were
stuffed animals and plastic fruit,
photographs of the earth when it was still blue;
of woods, long before their ruination.
Hungering after memory, but myself
more, I turned a corner, seeking to come upon
that double of mine, the beggar, by surprise.

Encontré a un ángel patudo
leyendo el periódico bajo la luna turbia.
Sus huellas doradas estaban impresas en el pavimento.
LOS ÁNGELES INVADEN LA CIUDAD
— era la noticia del día.
LOS ÁNGELES ENAMORAN A NUESTRAS VÍRGENES
— era la noticia de ayer.

Entonces, desinflado, desganado,
me fui desandando los caminos,
como si el amor de los seres conocidos
se hubiese ido de las calles de la Tierra.
Entonces, al llegar a mi casa,
como el ángel de la ventana, me puse
a oír el agua del río desaparecido.

ZONA ROJA

Seguí al ángel patudo por la zona roja.
Iba descalzo dejando huellas doradas en el pavimento.
Huellas que en seguida el silencio borraba.
Pasó sin dar limosna a las indias mazahuas.
Pasó junto a los coches en doble fila,
ignoró a los policías y a las prostitutas.
Era sábado en la noche y había ruido
en el cuerpo y la cabeza de las gentes.
Era sábado en la noche y la ciudad gritaba.

El ángel atravesó una pared arañada
y se halló en la recámara de un prostíbulo.
Una esfinge de carne y hueso estaba echada en una cama.
Un hombre trataba de abrir una ventana sucia
que daba a un muro negro, pero no podía abrirla,
porque el marco estaba fuera de sitio.
Un ciego, con cara de ídolo borracho,
palpaba las formas redondas de un maniquí femenino
y se ponía lentes con ojos azules pintados.

I met an angel with big feet
reading the paper under the muddied moon,
the golden prints of his feet were embossed on the sidewalk.
ANGELS INVADE THE CITY —
was the news of the day;
OUR VIRGINS LOVE-CRAZED BY ANGELS —
yesterday's.

Then, unwilling and unenthused,
I unwalked all the roads,
as if the love of the beings I knew
had deserted the streets of the Earth.
Then, on reaching my home,
like the angel at the window, I put
my ear to hearing the water of the vanished river.

RED LIGHT DISTRICT

Through the red light district I followed the angel with big feet.
Shoeless it went, leaving gold prints on the sidewalk,
footfalls blotted out at once by the silence.
It passed without giving alms to the Mazahua women.
Passed alongside cars, double-parked,
oblivious to police and prostitutes.
It was Saturday night and there was a clamouring
in people's heads and bodies;
it was Saturday night and the city was screaming.

Through a scrabbled over wall the angel passed
and found itself in the bedroom of a brothel.
A sphinx of flesh and bone was sprawled on the bed.
A man was straining to open a dirty window
that looked out on a black wall, but couldn't
because its frame was crooked.
A blind man with the face of a drunken idol
was putting on glasses with blue eyes painted on the lenses
and feeling his way round the curves of a female mannequin.

Los pasillos estaban llenos de maridos, de jóvenes barrosos
y de muchachas locas. Una de ellas tenía la boca grande,
los pechos fláccidos, los muslos numerados.
El ángel nunca había visto un rostro tan solitario,
como el suyo. Ni ojos tan llenos de penumbra,
como los suyos, en el vidrio de la puerta.
Ojos negros, cafés, azules, verdes y transparentes.
Ojos que podían atravesar las paredes y los cuerpos.
Era la primera vez que él se veía a sí mismo en un espejo.

El ángel nunca había bebido alcohol ni había bailado.
Creía que cuando las parejas se abrazaban en el salón
lo hacían para volar juntas o para hacerse un solo cuerpo.
Observaba de cerca a una mujer a la que le habían roto la boca
y se preguntaba si sería capaz de decir las palabras completas.
No imaginaba por qué estaba una niña desnuda en una habitación
ni por qué la muchacha morena llevaba el pelo verde
ni por qué los pechos y las piernas femeninas tenían precio.
El sólo calculaba la soledad del paraguas en la silla.

Afuera, un desesperado andaba al borde de un edificio.
Tenía la intención de saltar hacia el vacío
y las gentes de abajo esperaban que así lo hiciera.
Esa noche tenían ganas de ver un suicidio. En la calle,
clientes y prostitutas reconocieron al ciego borracho.
– No verá su sombra que se precipita hacia el abismo
– dijo un joven greñudo, cuando el otro se lanzó contra sí mismo.
Pero no cayó al suelo. Sólo cayó su grito.
Sostenido por el ángel, se quedó parado en las alturas.

The passageways were jammed with married men, pimply
kids and wild young women. One of them had a large mouth,
lolling breasts and numbers stamped on her thighs.
Never had the angel seen such a lonely face
as hers, nor eyes so full of penumbra
as his in the glass on the door. Black eyes, brown,
blue, green and transparent eyes.
Eyes that could pass through walls and bodies.
It was its first time, seeing itself in a mirror.

The angel had never drunk liquor nor danced.
It believed the couples hugging in the hall
did it to fly together, or to be made into the one body.
One woman whose mouth had been split open,
it studied closely, and wondered if she could shape whole words.
It couldn't take in why a little girl was naked in a room
or why the dusky one had had her hair done green
or why females' legs and breasts had a price on them.
It only gauged the loneliness of the umbrella on the chair.

Outside, a desperate man walked to the edge of a building,
intending to spring into the emptiness
and the people below waited for him to do it.
That night they felt like seeing a suicide.
Prostitutes and customers in the street recognized the drunken
blindman. 'He won't see his own shadow rushing towards the bottom,'
said a shaggy-haired youngster while the other man hurled
himself at himself. But did not fall. Only his cry fell.
Plucked up by the angel. He was held on high.

IX

Durante la noche, los bosques de mi pueblo
aguardan escarchados las luces del amanecer.
Las mariposas monarcas, como hojas cerradas
cubren el tronco y las ramas de los árboles.
Superpuestas una sobre otra forman un solo organismo.

El cielo azulea de frío. Los primeros rayos de sol
tocan los racimos de las mariposas entumecidas.
Y un racimo cae, abriéndose en alas.
Otro racimo es alumbrado y por efecto de la luz
se deshace en mil cuerpos voladores.

El sol de las ocho de la mañana abre el secreto
que dormía emperchado en el tronco de los árboles,
y hay brisa de alas, hay ríos de mariposas en el aire.
El alma de los muertos es visible entre los arbustos,
puede tocarse con los ojos y las manos.

Es mediodía. En el silencio perfecto se escucha
el ruido de la motosierra que avanza hacia nosotros
tumbando árboles y segando alas. El hombre, con sus mil hijos
desnudos y hambrientos, viene gritando sus necesidades
y se lleva puñados de mariposas a la boca.

El ángel dice nada.

EL ÁNGEL DE LA UBICUIDAD

El ángel de la ubicuidad,
no ha aparecido en este sitio.

Visible en otros lugares de la tierra,
no se ha presentado en esta calle.

Vertical y horizontal puede ser
la posición de su cuerpo. Dicen.

IX

Through the night, coated in frost
the woods around my town wait for the light of dawn.
Like closed leaves, the monarch butterflies
cover the trunk and branches of the trees.
Superimposed, one upon the other, like a single organism.

The sky goes blue with cold. The first rays of sun
touch the clusters of numb butterflies
and one bunch falls, opening into wings.
Another cluster is lit and through the effect of the light
splinters into a thousand flying bodies.

The eight o'clock sun opens up a secret that slept
perched on the trunks of the trees,
and there is a breeze of wings, rivers of butterflies in the air.
Visible through the bushes, the souls of the dead
can be felt with the eye and hand.

It is noon. In the perfect silence, the sound
of a chainsaw is heard advancing toward us,
shearing wings and felling trees. Man, with his thousand
naked and hungry children, comes howling his needs
and shoving fistfuls of butterflies into his mouth.

The angel says nothing.

The Angel of Ubiquity

The angel of ubiquity hasn't
turned up here.

Seen at other places on earth,
on this street it hasn't been introduced.

The lie of its body could be
vertical or horizontal. They say.

Pero aquí no lo hemos visto
ni parado ni acostado. Nadie sabe por qué.

En esta calle donde estamos conscientes
de los límites del cuerpo,

no hemos percibido su estar,
ignoramos su ser.

La mente que desdobla las imágenes
y duplica a los durmientes,

no se ha multiplicado aquí,
no tiene lugar en este espacio.

El ángel de la ubicuidad,
que se ha manifestado en todo el mundo,

que se ha desdoblado en muchos cuerpos,
no ha aparecido en este sitio.

EL ÁNGEL DOBLE DE SÍ MISMO

Ángel que ve a su doble morirá,
porque se convertirá en sí mismo,
en su doble material.
Una figura espejo de la otra.
El ángel visto nos revelará
a nosotros mismos,
y nosotros lo revelaremos a él.
Los ojos que así se miran
las pupilas se beberán,
sorprendidas en el acto
de crear y de destruir.
El ser perdido en la luna engañosa
se despedirá de su persona,
alejándose en un cuerpo ajeno
idéntico al suyo.
Suicidio de la mirada
que se encuentra a sí misma.
Intercambio de dobles
a través del espacio del ser y el estar,

But standing up or lying down,
we haven't seen it. No one knows why.

In this street where we are well aware
of the limits on a body,

we have perceived neither the how
it is, nor do we know the where.

The mind, which unfolds an image,
and duplicates the sleepers,

hasn't been multiplied here;
in this space it has no place.

The angel of ubiquity,
manifest to all the world,

which has doubled in so many bodies,
hasn't put in an appearance here.

An Angel As Its Own Double

An angel who has seen its own double dies
because it turns into itself and its material
counterpart. One figure, a mirror
of the other. A seen
angel is a revelation to us
of ourselves, and we are the revelation
of itself to it. Eyes looking at themselves
like that, surprised in the act
of creating and destroying,
will drink their own pupils.
The being lost in that beguiling mirror
will bid farewell to its persona
to travel far in an alien body,
identical to its own.
A suicide of a stare,
meeting itself.
Trading doubles
across the space of place and being
or by way of the eye eating into the eye.

o mediante el ojo que devora al ojo.
En la sombra que dejamos en el suelo,
quedará algo semejante a lo que fuimos.
Otro lo recogerá.

DEL HOMBRE Y SU NOMBRE

El creía que en el espacio el hombre
tenía un sonido propio, su nombre.

El creía que la cifra sonora del hombre
era aprehensible por su nombre,

que si se profería su nombre
era tocado interior mente el hombre.

En todo caso el nombre
podía hacer presente al hombre,

al hombre, que en todo tiempo y lugar
buscaba irse de su nombre.

Y él creía que cuando moría el hombre
caía en el silencio de su nombre.

HABLA EL ÁNGEL

Con palabras, con colores, en silencio,
me cercaron, me dieron alas y cabello,
me fueron encerrando en una forma humana.

Y ahora estoy adentro de mí mismo,
con silueta y sombra,
como cualquier mortal.

Lapidarios, pintores y poetas,
trabajaron día y noche
para darme la forma de su sueño.

Yo quiero escapar de la jaula de los cuerpos
y recobrar mi ser original,
el de la invisibilidad perfecta.

In the shadow we throw on the ground,
something like what we were will remain.
Someone else will pick it up.

About a Man and His Name

He believed a man had a sound
of his own in space: his name.

He believed a man's cipher in sound
apprehendible through his name,

that if it was uttered
his name struck a chord inside a man.

In any case, the name
could make a man be present,

a man, who in every time and place,
sought to get out of his own name.

And he believed that a man, once he died,
fell into the silence of his own name.

An Angel Speaks

With words, with colours, in silence
they moved in, gave me wings and hair
locked me into a human form.

And now like any mortal
with its silhouette and shadow
I am on the inside of me.

Stonemasons, painters and poets
laboured day and night
to shape me out of their dreams.

I want to escape the body's cage,
take back my original being, that
pure invisibility.

Te recuerdo corriendo por la calle,
envuelta en un impermeable percudido,
yo vestido de verde y de día viernes,
tapándote la cabeza con un periódico,
para que no nos viera tu padre.
Era noviembre y lloviznaba,
tu pelo empapado sobre el impermeable
era una mariposa que volaba.
De tu bolso abierto caían monedas,
que recogía un mendigo.
Andábamos de luna de miel de calle en calle,
sin ceremonia civil ni religiosa,
casados por el santo sacramento del amor.
Nuestros pasos pesaban en el piso,
y los zapatos ahogados de agua
hacían ansiosa nuestra fuga.
Mojados nos metimos en el metro,
a empujones abordamos un vagón,
y las puertas sobre tu espalda
plegaron como dos alas tu impermeable.
Mirándonos nos fuimos en el tren,
que nos llevó en su propio mundo,
lejos del día y lejos de la noche.
Yo besé tus labios con sabor a lluvia.

I remember you running down the street,
wrapped in a shabby raincoat,
me dressed in green and for a Friday,
covering your head in a newspaper
so your father couldn't see us.
It was November and drizzling,
over the raincoat your soaked hair
was a butterfly floating in air.
Out of your open purse dropped coins
which were picked up by a beggar.
Street after street, we walked, honeymooning
with no ceremony, civil or religious,
wed by the blessed sacrament of love.
Our steps weighed heavy on the ground,
and drowning in water the shoes
made our elopement panicky.
We got into the metro wet,
pushed our way aboard a car
and over your back, the doors
folded the raincoat, like two wings.
We went on, watching each other, on the train
which bore us in its own world, away
out of night and away out of day.
I kissed the taste of rain on your lips.

Ojos de otro mirar (1998)

HANGZHOU

A Jan Hendrix

Lago cubierto de niebla.
Imagen perdida de la historia
no contada del día;
ojo invidente del agua donde
el sol pone estrías de olvido.
Fulgor blanco de la mente
de una grulla o de un dios.
Árbol, pasajero fijo
en la eternidad del momento.
Por la ventana ella y yo miramos
a las nubes que forman
bestiarios intangibles.
Todo avanza hacia su fin.
Todo aparenta quedarse,
pero también se va. Incluso yo.
Sólo un pájaro fantasmal
cruza el umbral del ojo.

AUTORRETRATO A LOS SEIS AÑOS

Un vidrio separaba el cerro Altamirano
de mis manos.

Una puerta dejaba afuera del salón de clases
a la escalera que se precipitaba en el pueblo.

Todos querían entrar en la clase de español:
el gorrión, las piedras, el fresno y el azul del cielo.

Mi lápiz dibujaba a la maestra campesina:
su vestido raído, sus zapatos deslenguados.

Yo aprendía a leer como se aprende a ser:
tú, yo, padre, hermano, la sombra en la pared.

Eyes to See Otherwise

HANGZHOU

For Jan Hendrix

Mist-covered lake.
Lost image of the day's
untold story;
unseeing eye of water, where
the sun lays the tracks of forgetting.
White glow of the mind,
of a crane or a god.
The tree, a fixed passenger
in the eternity of the moment.
She and I look through the window
at clouds forming
intangible bestiaries.
Everything is moving toward its end.
Everything appears to be standing still,
but going, too. Including me.
Only a phantasmal bird
crosses the threshold of the eye.

SELF-PORTRAIT AT SIX YEARS OF AGE

A pane of glass separated Altamirano hill
from my hands.

Beyond, the classroom door shut out
a stair that plunged into the town.

Everything wanted into Spanish class:
the ash tree, the stones, the sparrow, the blue of the sky.

Frayed dress and tongueless shoes,
my pencil drew the country schoolmarm.

I learned to read like we learn how to be:
you, me, father, brother, the shadow on the wall.

1

Los pájaros acaban de pasar
por el cielo blanco de la casa.
Yo miro las estrías
del mediodía cancelado.

2

El silencio tiene partidos los labios.
Un geranio rojo entra por la ventana.
Cojo la escopeta, como quien coge a la muerte por el torso.
Un fugitivo, mi rostro en el espejo.

3

En el cielo del espejo han pasado los pájaros.
Mis ojos no los dejan ir
hacia el olvido. Quieren formar
en el vació el día de ayer.

4

Subo por una pila de ladrillos.
Mis ojos se enredan en las bugambilias.
Levanto la escopeta hacia los cuerpos voladores.
Desvío el disparo hacia otro azul.

5

El pájaro más pequeño va al frente
como una sombra azul.
Pasaron todas las voces
y no maté a ninguna.

1

Birds just passed over
the white sky of the house.
I stare up into the striae
of a cancelled noon.

2

The silence has split lips
and a red geranium has come in through the window.
I grab the shotgun, as one grabs death by the torso.
My face, a fugitive in the mirror.

3

The birds have flown across the sky in the mirror.
My eyes won't let them go
off, into the forgotten. They want to
do yesterday over in the void.

4

I climb up a pile of bricks.
My eyes tangle in the bougainvillea.
I hoist the shotgun at the bodies flying.
Aim the shot away into another blue.

5

Like an azure shadow,
the smallest bird goes at the fore.
All gone are the calls
and I didn't kill one.

Dirijo hacia mí mismo
la escopeta. El mediodía
me aturde. Golpeo
con la culata el suelo.

Siento la sangre caliente
y el aire estalla.
Mi cuerpo es un fulminante
tronado en el espacio.

Una muchacha abre los brazos
para recibirme. Salto
hacia ella, como si saltara
al pecho de la muerte.

No me caigo. Abrazado,
me lleva a un cuarto y me acuesta.
Mis padres entran asustados.
El mediodía huele a pólvora.

Por la boca hedionda de una cantina
sale una canción de moda:
'Ella quiso quedarse, cuando vio mi tristeza,
pero ya estaba escrito que aquella noche perdiera su amor'.

No me consta. No he perdido el amor
de nadie. Lo he encontrado.
Una gata persigue sombras
flacas en el tejado.

I point the shotgun
at myself. Noon
has me dazed. I slam
the butt on the ground.

I feel the hot blood
and the air explodes.
My body's a bursting
powder cap in space.

To catch hold of me, a servant girl
opens her arms. As if leaping
into the bosom of death I leap
toward her.

I don't fall. Hugging me she carries
me to my room and puts me on the bed.
In come my parents, frightened.
Noon smells of gunpowder.

Out of the foul mouth of a bar
comes a pop song:
'Soon as she saw me sad, she was for staying,
but already the news was written, her love that night I'd lose.'

I can't really say. I have lost
the love of no one. I have
found it. A cat chases
skinny shadows over the roof.

Desde este momento seré otro.
Otro yo mismo.
La poesía me ha ganado.
Acostado en la cama estoy volando.

13

Con palabras compraré al tiempo,
con palabras compraré a la muerte,
con palabras compraré palabras,
con palabras pintaré el día blanco.

AUTORRETRATO A LOS DIEZ AÑOS

En el patio de la escuela,
niñas de piernas gordas
hacen la comidita.

Con espadas de palo
los niños juegan a matarse,
cortan sus sombras breves.

Parado sobre una piedra,
pálido y huraño,
bajo con los ojos al pueblo.

Allá está mi casa,
allá levanto la escopeta
contra los pájaros que tanto amo.

De pronto tengo el vientre perforado.
Soy el centro de toda la hermosura.
He escrito mi primer poema.

From this moment on I will be someone
else. Another me.
Poetry has me won over.
I am flying, stretched out on the bed.

With words I will buy time
With words I will buy death
With words I will buy words
With words I will paint the day white.

SELF-PORTRAIT AT AGE TEN

In the schoolyard,
girls with fat legs
are playing house.

With wooden swords
the boys play at slaying each other,
slicing their short little shadows.

Standing, wan
and unsociable, atop a stone,
I follow my eyes down into the town.

There is my house. There
I am, pointing a shotgun
at the birds I love so much.

Suddenly, my belly is riddled.
I am the centre of all the beauty.
I've written my first poem.

Pegado a la ventana,
mi cara reflejaba el vidrio triste.
El tren de la vida iba perdiendo
pasos, precipicios y polvo.

Enfrente mi padre comía una manzana,
aunque su ser se sentaba en otra parte.
Los pocos pasajeros parecían perdidos,
como si ya pertenecieran al olvido.

La luz ponía en las paredes las distancias,
como si el sol pasara en el recuerdo.
Tu vida en el tren se iba al abismo,
con la cara pegada al vidrio triste.

AUTORRETRATO A LOS TRECE AÑOS

Sobreviviente de mí mismo,
me siento en la silla del peluquero.

En un caballete está el espejo,
más allá el cerro.

Sobre el descansapiés miro las lenguas
de mis zapatos viejos.

Los resortes del sillón pican la espalda.
Chon me hace la raya con el peine,

a tijeretazos avanza sobre mi cabeza
echando mechones sobre el empedrado.

Moscas sin vanidad se asolean en las piedras,
o se pegan a la frente de Chon.

El las ahuyenta moviendo las orejas.
El pueblo huele a estiércol y a rosas.

SELF-PORTRAIT AT ELEVEN ON A TRAIN

Glued to the window,
my face reflected the sad glass.
The train of life was leaving behind
passes, precipices and dust.

Even though his being sat elsewhere,
my father was there, eating an apple in front of me.
The few passengers appeared lost,
as if they already belonged to the forgotten.

On walls, the light pasted up distances
as if the sun were shunting by in memory.
Aboard the train, your life swept into an abyss,
face glued to the sad glass.

SELF-PORTRAIT AT THIRTEEN YEARS OF AGE

Of myself, a survivor
I sit on the barber's chair.

On a stand is the mirror,
beyond that, the hillside.

I stare at the tongues of my old shoes
on the footrest.

The chair springs nip at my back.
Chon parts my hair with the comb,

crosses my head with snips of the scissors,
pitching off clumps onto the cobblestones.

Vanityless, flies sunbathe on the cobbles
or stick to Chon's brow.

He puts them to flight with a twitch of his ears.
The village smells of manure and roses.

El peluquero me muestra su obra maestra:
un corte de pelo perfectamente redondo.

En el espejo de mano
miro en el cerro el sol que se pone.

'Cantaré la luz,' me digo,
sintiéndome ya poeta.

AUTORRETRATO A LOS DIECISÉIS AÑOS

Fuma su primer Tigre
entre los pinos del Altamirano.
A sus pies el pueblo se acuesta
como un cuerpo de barro y teja.
Lampiño, flaco, pelilargo,
él hace el amor con todo:
con la calandria, con la encina,
con la mariposa, con la distancia.
Los días no tienen nombre ni fecha,
ignoran la jaula de las horas,
son iguales a un deseo
que puede figurarse en cualquier parte.
Las calles allá abajo
son una mano abierta,
entre cuyos dedos el sol juega
a clavar sus cuchillos.
En el cerro brama la cierva,
se oye el tauteo de la zorra,
sus ojos entran en la maleza,
ebrios de lluvia verde.
El sol amarillea su cara,
pinta sus manos de poniente,
él deja su sombra entre los pinos,
aplasta el Tigre en el suelo.

The barber shows me his masterpiece:
a perfect bowl-cut.

In the hand mirror
I see the sun setting on the hill.

'I will sing the light,' I say to myself,
feeling I am a poet already.

SELF-PORTRAIT AT AGE SIXTEEN

He smokes his first Tiger
between the pines on Altamirano;
the town lies at his feet, a sleeping
body of adobe and tile.
Lank, longhaired,
beardless, he makes love
to everything: lark, oak,
the butterfly and the distance.
The days skip by without name or date,
ignoring the cage of hours,
the same as a desire
that could take shape anywhere.
There below, the streets
are an open hand
between whose fingers
the sun plays at
throwing its knives.
On the ridge the yap
of a fox is heard, a hind's bleat;
drunk on green rain
his eyes enter the underbrush.
The sun yellows his face,
paints his hands with its setting.
He leaves his shadow between the pines,
his Tiger, crushed out on the ground.

Soy Homero Aridjis,
nací en Contepec, Michoacán,
tengo cincuenta y cuatro años,
esposa y dos hijas.

En el comedor de mi casa
tuve mis primeros amores:
Dickens, Cervantes, Shakespeare
y el otro Homero.

Un domingo en la tarde,
Frankenstein salió del cine del pueblo
y a la orilla de un arroyo
le dio la mano a un niño, que era yo.

El Prometeo formado con retazos humanos
siguió su camino, pero desde entonces,
por ese encuentro con el monstruo,
el verbo y el horror son míos.

Autorretrato en el portal

Entras a la casa paterna
para visitar tu infancia
y la manija de la puerta
se queda suelta en tu mano.

Recorres el corredor
que llevaba a tu cuarto
y encuentras sombras
sentadas en los bancos.

En la pieza donde dormías
hay un jardín interior,
pero qué enjuto está el lecho
y heladas las paredes.

SELF-PORTRAIT AT FIFTY-FOUR YEARS OLD

I am Homero Aridjis,
I was born in Contepec, Michoacán,
I am fifty-four,
with a wife and two daughters.

In the dining room of my house
I had my first loves:
Dickens, Cervantes, Shakespeare
and the other Homer.

One Sunday afternoon
Frankenstein came out of the town movie
house and on a stream's bank
held out his hand to a boy, who was me.

The Prometheus pieced out of human remnants
went on his way, but since then,
out of that encounter with the monster,
the verb and the horror are mine.

SELF-PORTRAIT IN THE DOORWAY

You go into your parents' house
to visit your childhood
and the handle of the door
comes loose in your hand.

You go down the hall
that took you to your room
and find shadows
seated on the benches.

There's an indoor garden
in the room where you slept
but how skinny the bed is
and chilly, the walls.

Gritos callejeros,
que nadie escucha ni ve,
entran por la ventana rota,
con el aire, la noche.

Tu madre ya está muerta.
Tu padre ya está muerto.
En el peral nadie corta peras,
en el portal nadie lee el periódico.

La casa de tu infancia
es un paraíso en ruinas.

EL CUERPO BLANCO AL FONDO DEL DESIERTO

A J.M.G. Le Clézio

Primero vimos un punto blanco
al fondo del desierto.
Sin duda era un cuerpo
tendido en la distancia,
un temblor caliente en las arenas;
una ilusión de la mirada,
que imagina todo, pero
duda de su propia sombra.

Luego vimos que el cuerpo
tenía una puerta abierta.
Sin duda era un objeto caído
del espacio imaginario,
un pájaro metálico
con las alas rotas,
un tesoro inservible
en el día bochornoso.

Ya muy cerca descubrimos
que el punto blanco
al fondo del desierto,
era un refrigerador
con la puerta abierta.

Street cries
no one sees or hears
come in through the broken window
with the air, the night.

Your mother is dead now.
Your father is dead now.
In the pear tree no one picks the pears,
no one reads the paper in the doorway.

Your childhood home
is a paradise in ruins.

A WHITE BODY OUT IN THE DESERT

For J.M.G. Le Clézio

First we saw a white spot,
away out in the desert.
No doubt, some body
sprawled in the distance,
a heat wave off the sands;
a trick of the eye
that will imagine anything, but
doubt its own shadow.

Then we saw the body
had an open door.
Some object, no doubt, dropped
out of imaginary space,
a metal bird
with broken wings,
some unserviceable treasure
in the sultry day.

Then, close-up, we discovered
the white spot
away out in the desert
was a refrigerator
with an open door.

A Cloe y Eva Sofía

1 *Hacia una definición del ojo de Luis Buñuel*

La calle está repleta de ojos,
que se anuncian a sí mismos.

En el mercado de las miradas,
ojos amarillos se prenden y se apagan.

El as de oros deslumbra a bobos,
la edad del ojo no tiene tiempo.

El ojo prensado en la puerta
está fuera de quicio.

El ojo del tigre ahorcado
no cabe en el crepúsculo desorbitado.

2 *Pesos y medidas del ojo*

¿Cuánto pesa un ojo en la balanza?
¿Cuánto mide un sueño entre dos párpados?
¿Cuánto pesa en tus manos un ojo cerrado,
un ojo de muerto y un ojo pelado?

El ojo no se mide de comisura a comisura,
ni se vende por peso ni tamaño,
el ojo vale por las distancias
que recorre afuera de sí mismo,
y por la luz que es capaz de devorar.

Hay ojos que no se cansan de volar.
Hay ojos artificiales que miran sin mirar.
Hay ojos perecederos como frutos de estación,
hay ojos que viajan a la velocidad de la luz.

Al fondo de tus ojos muertos,
un ojo vivo nos está mirando.

EYES TO SEE OTHERWISE

For Chloe and Eva Sophia

1 *Toward a definition of the eye in Luis Buñuel*

The street is replete with eyes
that self-advertise.

In a marketplace of gazes,
yellow eyes snap on and off.

The ace of diamonds dazzles the dunces,
the eye's age is timeless.

The eye jammed in the door's
cock-eyed.

The eye of the hanged tiger bulges
wider-eyed than the dusk's.

2 *Weights and measures for the eye*

How much has the eye to weigh in the balance?
What does the dream between two eyelids measure?
How much does a closed eye, the eye of death,
an eye peeled weigh in your hand?

The eye isn't measured from corner to corner,
nor is it sold by size nor weight,
the eye is valued by the distances
it covers outside it
and the light it's capable of taking in.

There are eyes that are never too tired to soar.
There are artificial eyes that see without seeing.
There are eyes as perishable as fruit in season,
there are eyes that travel with the speed of light.

At the back of your dead eyes
a living one peers out at us.

277

3 *Aforismos de ojos*

Al ojo en la pared,
tápalo con la mano.

Al ojo en la palma de la mano,
cúbrelo con la otra mano.

Al ojo que piensa entre ojo y ojo,
míralo en otra cara.

Al ojo humeante de la mente,
no lo veas de frente.

Al ojo loco del espejo,
límpialo con tu pañuelo.

Ojos que no parpadean,
no creas en ellos.

El paisaje es la medida del ojo.
El ojo es la medida del sol.

Pasa la vida
con los ojos prendidos.

4 *Poema de amor con ojos*

Detrás de la lluvia,
hay un ojo que no se cierra.

Es el ojo del amor perpetuo,
es el ojo del amor desvelado.

Es el ojo color oro viejo
de la diosa sin altar ni forma,

es tu ojo, amor mío, es tu ojo
de mujer enamorada.

3 *Aphorisms for the eye*

The eye on the wall,
cover with your hand.

The eye in the palm of your hand,
cover with the other hand.

The eye that thinks between eye and eye,
see it in another face.

The eye steaming in the mind,
don't look at it, head on.

The crazed eye in the mirror
rub it out with a hankie.

Eyes that don't blink,
put no trust in.

A landscape is the measure of an eye.
The eye is a measure of the sun.

Spend your life with your eyes
turned on.

4 *A love poem with eyes*

Behind the rain,
there's an eye that won't close.

It's the eye of everlasting love,
love's eye that cannot sleep.

It's the old gold-coloured eye
of the altarless, formless goddess,

it's your eye, my love, it is your eye,
a woman's in love.

LOS SEIS SENTIDOS DE LA MUERTE

La muerte sabe a sangre en la boca,
huele a espacio tronado en el vientre,
se oye a soplo que parte en dos al aire,
mira como ojo blanco que se diluye en agua.

Los sentidos de la muerte no son cinco,
son seis, el último sentido es un órgano insensato,
es informe, inodoro, inaudito,
es una nada ebria.

EN LA OSCURIDAD EXTREMA

En la oscuridad extrema
que se halla detrás de las paredes
y de los cuerpos abrazados en la noche,

en la oscuridad que solo percibe la mente
y sólo pueden ver los ojos
de los muertos y de los que sueñan,

en la oscuridad extrema
que se halla detrás de la pupila del ojo
del otro lado de la ventana,

allí haremos nuestra casa.

PERMANENCIA

Durará
lo
efímero

The Six Senses of Death

Death tastes like blood in the mouth
smells of space bursting in your belly
is heard as a puff that parts the air in two
sees like a white eye diluted in water.

The senses of death are six,
not five, the final sense is an insensate organ,
is formless, scentless, unheard of,
is a drunken nothing.

In the Extreme Darkness

In the extreme darkness
that is found between walls
and in bodies embracing in the night

in the darkness perceived only
by the mind
and which only the eyes of the dead and the dreamers see

in the extreme darkness
that exists in the pupil of the eye
and on the other side of the window

there we'll make our home.

Permanence

The ephemeral
will
prevail

El ojo de la ballena (2001)

EL OJO DE LA BALLENA

'Y Dios creó las grandes ballenas.'
Génesis, 1:21

A Betty

Y Dios creó las grandes ballenas
allá en Laguna San Ignacio,
y cada criatura que se mueve
en los muslos sombreados del agua.

Y creó al delfín y al lobo marino,
a la garza azul y a la tortuga verde,
al pelícano blanco, al águila real
y al cormorán de doble cresta.

Y Dios dijo a las ballenas:
'Fructificad y multiplicaos
en actos de amor que sean
visibles desde la superficie

sólo por una burbuja,
por una aleta ladeada,
asida la hembra debajo
por el largo pene prensil;

que no hay mayor esplendor del gris
que cuando la luz lo platea.
Su respiración profunda
es una exhalación'.

Y Dios vio que era bueno
que las ballenas se amaran
y jugaran con sus crías
en la laguna mágica.

The Eye of the Whale

THE EYE OF THE WHALE

'And God created the great whales ...'

Genesis, 1:21

For Betty

And there in San Ignacio Lagoon
God created the great whales
and each creature that moves
on the shadowy thighs of the waters.

God created dolphin and sea lion,
blue heron and green turtle,
white pelican, golden eagle
and double crested cormorant.

And God said unto the whales:
'Be fruitful and multiply
in acts of love that are visible
on the surface

only through a bubble
or a fin, flapping,
while the cow is seized on the long
prehensile penis below;

there is no splendour greater than a grey
when the light turns it silver.
Its bottomless breath is
an exhalation.'

And God saw that love
between the whales
and the sporting with their calves
in the magical lagoon was good.

Y Dios dijo:
'Siete ballenas juntas
hacen una procesión.
Cien hacen un amanecer'.

Y las ballenas salieron
a atisbar a Dios entre
las estrías danzantes de las aguas.
Y Dios fue visto por el ojo de una ballena.

Y las ballenas llenaron
los mares de la tierra.
Y fue la tarde y la mañana
del quinto día.

Laguna San Ignacio,
1 de marzo de 1999

LOS POEMAS DEL DOBLE

1

Cogí mi rostro
y lo llevé al espejo

miré mis ojos
desconocidos

observé mis gestos
despavoridos

él tenía miedo
a mí mismo

2

Solo en la noche vas
igual a ti mismo

And God said:
'Seven whales together
make up a procession.
One hundred, a daybreak.'

And the whales came up
to spot God over
the dancing gunnels of the waters
and God was sighted by a whale's eye.

And whales filled
the waters of the earth.
And the evening and the morning
were the fifth day.

San Ignacio Lagoon,
1 March 1999

POEMS FOR THE DOUBLE

1

I grabbed my face
and brought it to the mirror

searched my eyes
but did not know them

observed my gestures
weak from terror

he was frightened
of my self

2

You walk at night   alone
your own self's equal

contando tus latidos
en las alas marchitas de los vidrios

al dar vuelta en una esquina
un hombre te arrebata la cara

descabezado quedas
al pie de tu sombra

mientras a lo lejos alguien
te mira con ojos tuyos

3

Un par de cuervos tus manos
en los bolsillos otros

una pena no vista
en la oreja del sordo

mas no creas que eres rico en tristezas
tú   polvo desposeído

en cualquier rincón del día
tú también anocheces

4

Los años pasan de mí a ti
como patas de gallo

y mis lágrimas no dejan
de rodar por tus mejillas

sólo un soplo separa
el reflejo del espejo

counting out your heartbeats
in the windows' faded wings

on turning around a corner
a man tears off your face

beheaded you remain
at the foot of your own shadow

while someone in the distance
looks at you through your eyes

3

Your hands a pair of crows
in another's pockets

sufferings unseen
in a deaf man's ear

but don't believe that it was you
sorrows rich   dust dispossessed

in any nook of day
you also become dark

4

The years like crows' feet
pass from me to you

my tears do not stop falling
rolling down your cheeks

only a breath dividing
mirror & reflection

En la esquina de la ventana
se rompen los recuerdos
debajo del lecho viejo
duermen las adolescentes
rota la jarra del deseo
el mantel hace agua
y en la parte superior del retrato
hay lágrimas sin ojos

Cerré la puerta y esperé a mi doble
pero en lugar del rostro acostumbrado
brotó de la pared blanca
una guacamaya color rojo incendio

como una flecha azul
– jacinto alucinante –
aterrizó en la mesa
un loro de ojos amarillos

llegaron los Kandinskys
las alas alzadas de azul
el vientre anaranjado la cabeza morada
y la garganta una J jadeante

todo él una melodía de verdes
llegó el loro irrefutable
el pecho el pico el cuello
la cabeza verdes.

ni uno solo necesitaba presentar
credenciales de lo que era
Había en mi mente una convención de loros
Iban a elegir al más bello de todos

Empezaron a discutir sobre el valor
del verdeser el verdecera el verdecampo
el verdeazul el verdecárdeno y el verdelívido

In a corner of the window
memories are breaking up
beneath the old bed
teen-aged girls are sleeping
broken is desire's jug
tablecloth soaked through
& in the picture's upper part
tears falling without eyes

I closed the door & waited for my double
but instead of the expected face
a macaw the colour of red fire
burst forth from the white wall

like an arrow tipped in blue
– hyacinth hallucination –
a parrot with yellow eyes
landed on the table

Then the Kandinskys arrived
wings spread wide & blue
belly orange head in purple
their throats a breathless J

a melody of greens
the undisputed parrot came
its chest its beak its neck
its head & all in green.

not a single one needed to show
credentials of who he was
There was a congress of parrots in my mind.
They were going to pick the most handsome

They began to discuss the value
of begreen waxgreen fieldgreen
bluegreen cardinalgreen lividgreen

En vista de las circunstancias
aplacé hasta el día siguiente
el encuentro con mi doble

7

Abrí sus ojos
vi
mi tiniebla viva

¿es que existe un barquero
que pueda llevar la luz
de extremo a extremo?

¿sí?
¿no?

8

Más allá de ti
no existo ni siquiera yo
no hay horizonte definido
ni manos para tocar la luz

el ser es una superficie
un lugar
una piedra
nada más

Más allá de mí
no existes ni siquiera tú

9

Exhalar el fantasma
es tarea de vivos

beber en los ojos
los recuerdos
es oficio de muertos

In view of all such circumstances
I postponed until the next day
the encounter with my double

7

I opened his eyes
saw
my living darkness

is there a boatman anywhere
able to shift the light
from limit unto limit?

yes
or
no?

8

Beyond you
I do not exist not even I
there is no definite horizon
nor hands to touch the light

all being is a surface
a place a stone that's all

Beyond me
you do not exist not even you

9

To give up the ghost
is the task of the living

to drink memories
from eyes
is the role of the dead

parte hoy en mi boca
el pan de la ilusión

10

Una hora
arroja sombra
sobre otra hora

un ala de mariposa
se pone
en el horizonte de mis ojos

desaparecido el doble
al final del camino
toda negrura es mía

in my mouth today
we break
the bread of illusion

10

One hour
hurls shadows
onto another

one butterfly wing
is setting
at my eyes' horizons

when the double has vanished
at the end of the road
all the blackness is mine

Index of Titles

A las fuentes que llega	20
A nosotros	60
A un refugiado español	90
A un tilo	68
A una mariposa monarca	140
Agente viajero de 1927	142
Agua cae sobre agua	40
Al fondo de tu imagen	14
Amo esta forma moviente	18
El ángel de la ubicuidad	252
El ángel doble de sí mismo	254
Antes	66
Antes del reino	4
Los años	170
Apenas coloreado	24
El arca	30
Arreando burros flacos	102
Arroja luz	60
Arzobispo haciendo fuego	236
Asombro del tiempo	162
Autorretrato a los cincuenta y cuatro años	272
Autorretrato a los dieciséis años	270
Autorretrato a los diez años	266
Autorretrato a los once años en un tren	268
Autorretrato a los seis años	260
Autorretrato a los trece años	268
Autorretrato en el portal	272
Autorretrato herido	262
Azules entre frutos	32
Ballena gris	206
Buenos días a los seres	66
El caballo que viene como fuego	20
Cada onda es el agua	22
Cae la lluvia sobre junio	6
La carne con olor a tierra	24
Carta a Cloe	208
Carta de México	86
Cirabel	2
Ciudad de México	112
El color y el silencio helados	28
Como cuando el cazador dispara	26
Un conquistador anónimo recuerda su paso por las tierras nuevas	154
Creación	44

Cuelgan las nubes como pechos   74
El cuerpo blanco al fondo del desierto   274

De un día de diciembre   132
Del hombre y su nombre   256
Descomposición con risa   48
descubrí el ojo en el muro   46
Desde lo alto del templo Moctezuma muestra a Cortés su
    imperio   156
El día que acaba   70
El día que dejó   92
Diario sin fechas   114
El día se rompe   34
El día separado por sus sombras   10
Un día un hombre olvida   160
Distrito Federal   132

Ejercicios para la oscuridad   238
El que teme morir   64
él tenía una copa   50
él tenía un cuarto de silencio   48
él tenía un planeta azul   46
el viejo antes de dormir   50
Elio Antonio de Nebrija: gramático en guerra   176
Emiliano Zapata   144
En la cocina de la casa   116
En la oscuridad extrema   280
En su cuarto   96
Entierro   132
Entre los seres rotos   114
Entre palabras camino del silencio   78
Epitafio para un poeta   4
Era mi noche   150
era tan vasta la mujer de mi sueño   44
es el caballo blanco   48
Es un tocón el tilo   62
Espejos   180
Esta llama que asciende   78
Está más lejos Río de Río   236
Esta piedra negra   136
Estas piedras   62
Estoy bien aquí   76
Exaltación de la luz   60

Fray Gaspar de Carvajal recuerda el Amazonas   148
Fuego Nuevo   118

Goethe decía que la arquitectura   188

Habla el ángel   256

Hangzhou 260
Hay aves en esta tierra 84
Hay frutos que suben 12
Hay seres 68
Hay un río 72
hay una mano en mí 46
Helmstedterstrasse 27 204
Heredamos el dolor y lo transmitimos 98
Herido de tiempo 64
Hombre 54
How poor a thing is man 138
Huitzilopochtli 104

Imágenes del cuervo 204
Imágenes del Libro de Job 82
Imágenes sobre una escalera 184
El insomnio comienza en la cuna 230
Invención del vidrio 174

Juan de Pareja por Diego Velázquez 140

La luz 192
Lago d'Averno 80
Límites, jaulas y paredes 188
Loco en la noche 82
Lugares y dioses rotos: *Delos* 238

Llueve en mi cuarto 230
Lluvia en la noche 158

La matanza en el templo mayor 86
Más rápido que el pensamiento 14
El mediodía parte el arroyo 28
mi ser va al canto cada día 52
Mitla 152
Moctezuma y los tamemes 178
Muerto en choque 136
Los muertos de la revolución 100

No era el tren que venía 38
no se sentía bien 50
La noche llena todos los arroyos 12
Números 52

Oh mi cuerpo 74
Oigo 30
El ojo de la ballena 282
Ojos de otro mirar 276
Olvidos 240

Paisaje 104
El pájaro en el aire es fuego 34
El pájaro retratado a punto de volar 34
Pájaros bajo la lluvia 70
La palabra 38
La palabra que nombra 22
Las palabras no dicen 162
Peluquería 144
Permanencia 134
Permanencia 280
El poema 94
Poema con Frankenstein 190
Un poema de amor 224
Poema de amor en la ciudad de México 200
Los poemas del doble 284
El poeta en peligro de extinción 232
Por adentro subo 16
Por pura claridad el agua habla 80
Preguntas 56
Prehispánica 90
Profecía del hombre 88
Puente 56
La punta de la llama se dora 22
Putas en el templo 108

Quemar las naves 84

Rápida maravilla es la luz 18
Retrato de mi padre con tijeras 226
ríe con los ojos 44
El río por el valle tiene fondo 40
Los ríos 202
Romántica 114
Ruysbroeck 60

Salir de la mujer es separarse 42
Sefarad, 1492 208
Los seis sentidos de la muerte 280
Señales 92
Sobre ángeles, IX 252
Soy lo que eres 2
Sueño con ver el rostro 80
Sueño de recomposición 46
Sueño en Tenochtitlán 146

Te recuerdo corriendo por la calle 258
Tezcatlipoca 110
La tía Hermíone 198
Tiempo 134
Tiempo de ángeles 242

El tiempo de la poesía 24
todas las noches antes de dormir 46
Todo habla en lo oscuro 16
Todo quiere volar cuando Celina 22
Tormenta sobre México 156
trabajo innumerable 44
Tsung Ping 138
Turista de 1934 106

La última noche del mundo 246

El vacío 234
Ven poeta ancestral 76
Ventana 88
Lo verde se hace azul 10
Viene el río bajo la lluvia 26
Vientos de piedra 158
Vista del valle de México desde Chapultepec, circa 1825 228
Vivir para ver 96
Las voces que soplaron en el aire 32
Voy a las barcas de la soledad 40
Voy viajando 78

White Castle 36

Xipe Totec 104

Y fiel presérvame 52
Y siendo de la sustancia 72
Ya sale el sol en el oriente helado 134
La yegua de la noche 226

Zapata 102
Zapatos al pie de la cama 236
Zona roja 248
Zopilotes 136

About a Day in December 133
About a Man and His Name 257
About Angels, IX 253
The Amazement of Time 163
Among the wasted creatures 115
And being of the substance 73
And faithful preserve me 53
An Angel As Its Own Double 255
The Angel of Ubiquity 253
An Angel Speaks 257
An Anonymous Conquistador Recalls His Passing through the New Land 155

Archbishop Building a Fire	237
The Ark	31
As when a hunter	27
At the bottom of your image	15
Aunt Hermione	199
Barbershop	145
Before	67
Before the kingdom	5
The bird in the air is fire	35
The bird pictured just about to fly	35
Birds in the rain	71
Blues among the fruit	33
Borders, Cages and Walls	189
Bridge	57
A Burial	133
Burn the boats	85
Buzzards	137
Cirabel	3
Clouds hang like breasts	75
Come ancestral poet	77
Comes the river under the rain	27
Coming to the fountains	21
A Crash Victim	137
Creation	45
Day breaks up	35
The day ends	71
Day parted by its shadows	11
The day that left	93
The Dead of the Revolution	101
Decomposition With Laughter	49
DIARY WITHOUT DATES	115
Dream in Tenochtitlán	147
Dream of Recomposition	47
Driving thin donkeys	103
Each wave is the water	23
Earth-smelling	25
Elio Antonio de Nebrija: Grammarian at War	177
Emiliano Zapata	145
an endless job	45
Epitaph for a Poet	5
every night before sleep	47
Everything speaks in the darkness	17
Everything wants to fly	23
EXALTATION OF LIGHT	61
Exercises for the Dark	239
The Eye of the Whale	283

Eyes to See Otherwise   277

Faster than thought   15
Federal District   133
Forgettings   241
Fray Gaspar de Carvajal Remembers the Amazon   149
From the Temple Top Moctezuma Shows Cortés His Empire   157
Frozen colour and silence   29

Goethe Said That Architecture   189
Green turns blue   11
Grey Whale   207

Hangzhou   261
he had a blue planet   47
he had a room for silence   49
he had a wine-glass   51
he wasn't feeling well   51
He who is afraid to die   65
Helmstedterstrasse 27   205
Here I am well   77
The horse that comes like fire   21
How Poor a Thing is Man   139
Huitzilopochtli   105

I am what you are   3
I discovered the eye in the wall   47
I dream of seeing the face   81
I hear   31
I love this moving form   19
I Remember You Running Down the Street   259
I walk among words toward silence   79
I'm going to the boats of solitude   41
I'm travelling   79
Images from the Book of Job   83
Images of the Crow   205
Images on a Ladder   185
In faint colours   25
In his room   97
In the Extreme Darkness   281
In the kitchen   117
Insomnia Begins in the Cradle   231
The Invention of Glass   175
Inward I go up   17
It is Farther from Río to Río   237
It is raining in my room   231
It wasn't the train that was coming   39
it's the white horse   49

Juan de Pareja by Diego Velázquez   141

Lago d'Averno	81
Landscape	105
The Last Night of the World	247
laugh with eyes	45
Letter from Mexico	87
Letter to Chloe	209
The Light	193
Light cast your eyes	61
The light is a flickering wonder	19
Living to See	97
A Love Poem	225
Love Poem in Mexico City	201
Madman at Night	83
Man	55
Mexico City	113
Mirrors	181
Mitla	153
Moctezuma and His Bearers	179
Morning to the beings	67
my being goes into the song each day	53
My body	75
New Fire	119
Night fills all the brooks	13
The Night Mare	227
Noon divides the stream	29
Numbers	53
the old man counts his friends	51
One Day a Man Forgets	161
Over the month of June	7
Permanence	135
Permanence	281
The Poem	95
A Poem with Frankenstein in It	191
Poems for the Double	285
The Poet in Danger of Extinction	233
Portrait of My Father with Scissors	227
Precolumbian	91
The Prophecy of Man	89
Questions	57
Rain in the Night	159
Red Light District	249
Right Now the Sun Rises out of the Icy East	135
The river has depth through the valley	41
Rivers	203

Romantic 115
Ruysbroeck 61

Self-Portrait at Age Sixteen 271
Self-Portrait at Age Ten 267
Self-Portrait at Eleven on a Train 269
Self-Portrait at Fifty-Four Years Old 273
Self-Portrait at Six Years of Age 261
Self-Portrait in the Doorway 273
Self-Portrait at Thirteen Years of Age 269
Sepharad, 1492 209
Shattered Gods and Places: *Delos* 239
She Was My Night 151
she was so vast the woman in my dream 45
Shoes at the Foot of the Bed 237
Signs 93
The Six Senses of Death 281
The Slaughter in the Main Temple 87
Storm Over Mexico 157
A stump   the linden 63

Tezcatlipoca 111
There are beings 69
There Are Birds in This Land 85
There are fruits that climb 13
There is a river 73
there's a hand inside me 47
These stones 63
This Black Stone 137
This flame rising 79
Time 135
A Time of Angels 243
The time of poetry 25
The tip of the flame turns gold 23
To a Linden 69
To a Monarch Butterfly 141
To a Spanish Refugee 91
To emerge from a woman 43
To we men of the plains 61
Tourist in 1934 107
Travelling Salesman in 1927 143
Tsung Ping 139

Vacant 235
View of Mexico City from Chapultepec, Circa 1825 229
The voices that breathed into the air 33

Water falls against water 41
Water speaks in pure clarity 81
We Inherit Pain and Pass It On 99

A White Body out in the Desert 275
White Castle 37
Whores in the Temple 109
Window 89
Winds of Stone 159
The Word 39
The word that names 23
Words Cannot Tell 163
Wounded by time 65
A Wounded Self-Portrait 263

Xipe Totec 105

The Years 171

Zapata 103

Index of First Lines

A las fuentes que llega 20
A nosotros hombres de los llanos 60
A veces hago ejercicios para la oscuridad 238
abrió los ojos y salió el cuervo salió el bisonte salió la luna 44
Acostar en la tumba, tan ajena 190
Agua cae sobre agua 40
Al fondo de tu imagen no hay imagen 14
Amo esta forma moviente   este universo 18
Anda vestido de la piel humana 104
Ángel que ve a su doble morirá 254
Antes 66
Antes de que las nieblas descendieran a tu cuerpo 4
Antes del reino 4
Apenas coloreado 24
Aquí estoy. Mi maestro me ha pintado 140
Arreando burros flacos 102
Arroja luz 60
Arzobispo haciendo fuego 236
Asomado a la ventana 82
Azules entre frutos oscurecen de noche 32

Ballena gris 206
Buenos días a los seres 66

Caballos negros en el llano 104
Cada onda es el agua 22
Cae la lluvia sobre junio 6
casi al amanecer me despertó el 4   sonaba muy fuerte y 52
Cirabel 2
Cogí mi rostro 284
Como cuando el cazador dispara a la bandada 26
Con la ropa no vendida 142
Con palabras, con colores, en silencio 256
Creía que era la última noche del mundo 246
Cuando el viento huía por los llanos 158
Cuando hable con el silencio 224
Cuelgan las nubes como pechos 74
Cuentan magos ya desvanecidos 180

Dejó su nacimiento, Guadalquivir abajo 176
descubrí el ojo en el muro por el cual el cuarto está 46
Desde temprano 132
Dios de los corazones ensartados 104
Dormí en lechos de piedra 154

Durante la noche, los bosques de mi pueblo 252
Durará 280

El ángel de la ubicuidad 252
El caballo que viene como fuego 20
El capitán buscaba oro en el templo del dios 86
El color y el silencio helados 28
El creía que en el espacio el hombre 256
El día que acaba 70
El día que dejó 92
El día se rompe 34
El día separado por sus sombras 10
El domingo en la mañana 144
El fuerte se levantó 82
El insomnio comienza en la cuna 230
El mediodía parte el arroyo 28
El pájaro en el aire es fuego 34
El pájaro retratado a punto de volar 34
El poema gira sobre la cabeza de un hombre 94
– El poeta está en peligro de extinción 232
El que teme morir siente que su tiempo acaba 64
El río por el valle tiene fondo 40
él tenía un cuarto de silencio   sin techo ni suelo ni 48
el tenía un planeta azul en su cuarto del tamaño de una 46
él tenia una copa en la que guardaba un alga 50
El tiempo de la poesía 24
el viejo antes de dormir cuenta a sus amigos   y a menudo 50
Ella lo dijo: Todo sucede en sábado 162
En el patio de la escuela 266
en el Valle Verde 60
En este valle rodeado de montañas había un lago 200
En la cocina de la casa 116
En la oscuridad extrema 280
En nuestras manos no están los años 170
En su cuarto el hombre mira 96
En sucesión los coches funerarios 132
Entras a la casa paterna 272
Entre los seres rotos 114
Entre palabras camino del silencio 78
Era mi noche 150
era tan vasta la mujer de mi sueño que tenía en la espalda 44
es el caballo blanco que corre todo el día por la sangre y al 48
Es un tocón el tilo 62
Esa sombra 110
Esta ciudad humeante 112
Esta hora 68
Esta llama que asciende 78
Está más lejos Río de Río que tú de mí 236
Esta piedra negra 136
Estas piedras 62
Estoy bien aquí 76

Fuma su primer Tigre 270

Goethe decía que la Arquitectura 188

había pasado ya más de una semana y el cordero que me 46
Hay seres que son más imagen que materia 68
Hay aves en esta tierra 84
Hay frutos que suben intensamente por la luz que los toca 12
Hay pájaros que llevan en sus alas 30
Hay un río 72
hay una mano en mí 46
he de acabar dormido oyendo a Bach 56
He visto olvidos de todos tamaños 240
Herido de tiempo 64
Hija mía 208
Honor a Quien tuvo la primera idea de la luz y juega con su metáfora 192
Hoy al despertar hallé mis zapatos al pie de la cama 236
Hoy seis de enero 132

La calle está repleta de ojos 276
La cara ungida 136
La carne con olor a tierra 24
La muerte sabe a sangre en la boca 280
La música de la noche 114
La noche llena todos los arroyos 12
la onda avanza a soplos de aire 80
La palabra que nombra no revela ni oculta 22
La punta de la llama se dora 22
La yegua de la noche 226
Lago cubierto de niebla 260
Las nubes colgaron como hollejos 88
Las palabras no dicen lo que dice un cuerpo subiendo la colina al anochecer 162
Las voces que soplaron en el aire 32
le quitan las orejas 48
Lo que miran tus ojos es nuestro 156
Lo verde se hace azul a lo lejos 10
Lo volvieron calle 144
Los pájaros acaban de pasar 262
Los pies de Moctezuma no tocaban el suelo 178
Los tarsos del rencor 204

Llegaron de Chihuahua 100
Llegaron una mañana de septiembre 108
lleva el sol 38
Llueve en Contepec, mi padre está en la tienda 226
Llueve en la noche 158
Llueve en mi cuarto 230

Mañana cuando tu cuerpo 134
Más rápido que el pensamiento va la imagen 14
mi ser va al canto cada día 52

Nací en la Calle Pobreza 138
Naturaleza de los ríos es correr 202
No era el tren que venía   era el viento 38
No murió acribillado 102
no se sentía bien   en realidad nunca se sentía bien 50

Oh mi cuerpo 74
Oigo 30

Pájaros bajo la lluvia 70
Pegado a la ventana 268
Pelones alinegros y hediondos 136
Ponemos fechas a la sombra 188
Por adentro subo 16
Por el hocico 90
Por estas callejuelas 86
Por pura claridad el agua habla 80
Por qué calle ir 90
Primero vimos un punto blanco 274

Quemar las naves 84

Rápida maravilla es la luz 18
ríe con los ojos con las manos 44

Salir de la mujer es separarse 42
Sangre y palabras 98
Seguí al ángel patudo por la zona roja 248
Señoras del presente y del olvido 152
Ser entre las cosas pequeñas 88
Si pusiéramos un espejo 184
Siempre me ha inquietado la historia de la tía Hermíone 198
sin nombre fluye por la noche 54
Sobre una cama del Hotel Genève 106
Sobreviviente de mí mismo 268
Sol rojo poniente 118
Soldados borrachos pronuncian mal tu nombre 208
Sólo la luz sobre las hojas 134
Soy Homero Aridjis 272
Soy lo que eres 2
Sueño con ver el rostro de la tierra 80

Te recuerdo corriendo por la calle 258
Toda la noche los sacerdotes 156
Toda la noche 146
todas las noches antes de dormir él sacaba de adentro de 46
Todo el valle se abre desde lo alto 228
Todo habla en lo oscuro 16
Todo quiere volar cuando Celina 22
trabajo innumerable contar los rostros y los cuerpos que 44
Tu que vas por el día 140

Un cuarto. En las paredes no hay un cuadro 234
Un día a la Fenicia 174
Un día un hombre olvida 160
un salto 56
Un vidrio separaba el cerro Altamirano 260
Una mesa carcomida 92

Ven poeta ancestral siéntate 76
Víctimas de la historia (o la prehistoria) 204
Vieja bajo la lluvia 96
Viejo y enfermo 148
Viejo ya para montar montañas 138
Viene el río bajo la lluvia 26
Voy a las barcas de la soledad 40
Voy viajando 78
Vuelves a tu castillo después de siglos 36

Y Dios creó las grandes ballenas 282
Y Dios dijo: 'Hágase el ángel' 242
Y fiel   presérvame 52
Y siendo de la sustancia del misterio 72
Ya sale el sol en el oriente helado 134
Yo, Peisistratos, mando 238

━━━━━━━

A file of funeral cars 133
a leap 57
A pane of glass separated Altamirano hill 261
A stump   the linden 63
a week had gone by already & the lamb that I had eaten 47
A worm-eaten table 93
After the rain on this Friday in July 229
All night 147
Among the wasted creatures 115
An angel who has seen its own double dies 255
an endless job to count the faces & the bodies that emerge from you 45
And being of the substance of the mystery 73
and faithful   preserve me 53
And God said: 'Let an angel be made.' 243
And there in San Ignacio Lagoon 283
Archbishop building a fire 237
As when a hunter fires into a flock 27
At the bottom of your image there is no image 15
At times I do exercises for the dark 239

Before the kingdom 5
Before the mists descended on your body 5
Before 67
Birds in the rain are 71

Birds just passed over	263
Black horses on the plain	105
Blues among the fruit darken with night	33
Burn the boats	85
Cirabel	3
Clouds hang like breasts	75
Clouds hung like grapeskins	89
Come ancestral poet sit	77
Comes the river under the rain	27
Coming to the fountains	21
Day breaks up	35
Day parted by its shadows	11
Death tastes like blood in the mouth	281
Driving thin donkeys	103
Each wave is the water	23
Earth-smelling	25
every night before sleep he took from inside him 2 or 3	47
Everything speaks in the darkness	17
Everything wants to fly when Celina	23
Face anointed	137
Faster than thought is the image	15
First we saw a white spot	275
Frozen colour and silence	29
Glory be to Whosoever had the first notion of the light and plays with its metaphor	193
Glued to the window	269
God of strung hearts	105
Goethe said architecture	189
Green turns blue with distance	11
Grey whale	207
He believed a man had a sound	257
He did not die	103
he had a blue planet in his room the size of an orange	47
he had a room for silence no ceiling no floor no	49
he had a wine-glass in which he kept algae	51
He left behind the land of his birth	177
he opened his eyes and the crow came out the buffalo	45
He smokes his first Tiger	271
He walks dressed in human skin	105
he wasn't feeling well in truth he never felt well	51
He who is afraid to die feels his time stop	65
Here I am well	77
Here I am. My master has painted me.	141
History's victims (or prehistory's)	205

I am Homero Aridjis   273
I am what you are   3
I believed it was the last night of the world   247
I discovered the eye in the wall that lights up this room   47
I dream of seeing the face of the earth   81
I grabbed my face   285
I have seen forgettings in all sizes   241
I hear   31
I love this moving form   this universe   19
I remember you running down the street   259
I slept on beds of stone   155
I walk among words toward silence   79
I was born on the corner   139
I'm going to the boats of solitude   41
I'm travelling   79
If we were to put a mirror   185
In a bed at the Hotel Genève   107
In faint colours   25
In his room the man watches   97
In the alleys of the walled city   209
In the extreme darkness   281
in the Green Valley   61
In the kitchen   117
In the schoolyard   267
In this valley, surrounded by mountains, there was a lake   201
Invisible ancestors   87
Inward I go up   17
It is farther from Río to Río than you to me   237
It is raining in my room   231
It rains in Contepec, my father is inside the store   227
It rains in the night   159
It wasn't the train that was coming   it was the wind   39
it's the white horse who runs through the blood all day   49

just about at dawn the 4 woke me up with a lot of noise   53

laugh with eyes with hands   45
Light cast your eyes on our bodies   61

Mist-covered lake   261
Mistresses of what is here and left forgotten   153
Morning to the beings   67
must I end up dozing to Bach   57
My Aunt Hermione's story has always disturbed me   199
my being goes into the song each day   53
My body   75
My daughter   209

Night fills all the brooks   13
No door stood in his path   179
Noon divides the stream   29

Of myself, a survivor   269
Old and ailing   149
Old woman in the rain   97
One day a boat arrived in Phoenicia   175
One day a man forgets   161
One room. No picture on the walls   235
Only the light on the leaves   135
Our parents left us   99
Over the month of June the rain is falling   7

Peering from the window   83

raises the sun   39
Red sun in the west   119
Right now the sun rises out of the icy east   135
Ripples move with the wind-gusts   81

She said it. Everything happens on a Saturday   163
She was my night   151
she was so vast the woman in my dream that she had a   45
So that it might not sleep   157
Sunday morning   145

That shadow   111
The angel of ubiquity hasn't   253
The bird in the air is fire   35
The bird pictured just about to fly   35
The captain sought gold in the temple of god   87
The day ends   71
The day that left   93
The dead man enters the dog   91
The ephemeral   281
The horse that comes like fire   21
The insomnia begins in the cradle   231
The light is a flickering wonder   19
The music of the night   115
The nature of a river is to run   203
The night mare   227
the old man counts his friends before falling asleep and   51
The poem spins over the head of a man   95
– The poet is in danger of extinction   233
The powerful rose up   83
The river has depth through the valley   41
The street is replete with eyes   277
The talons of rancour remember   205
The time of poetry   25
The tip of the flame turns gold   23
The voices that breathed into the air   33
The word that names neither reveals nor hides   23
The years are not in our hands   171

There are beings that are more image than matter 69
There are birds in this land 85
There are birds who bear on their wings 31
There are fruits that climb intensely toward the light that touches them 13
There is a river 73
there's a hand inside me 47
These stones 63
They arrived one September morning 109
They came from Chihuahua 101
They made him into a street 145
they pull off his ears 49
They sail bald blackwinged and stinking 137
This black stone 137
This flame 79
This hour 69
This smoking city 113
Through the night, coated in frost 253
Through the red light district I followed the angel with big feet 249
To be among the small things 89
To be laid in the grave, so alien 191
To emerge from a woman is to become separate 43
To we men of the plains 61
Today January sixth 133
Too old now for climbing mountains 139

Waking today I found my shoes at the foot of the bed 237
Water falls against water 41
Water speaks in pure clarity 81
We pin dates to shadows 189
Weighed down with sleep 133
What street to take 91
Whatever your eye beholds is ours 157
When I speak into the silence 225
When the wind fled over the plains 159
When your body is gone 135
Wise ones now long gone tell 181
With the unsold clothes 143
With words, with colours, in silence 257
without name flows through the night 55
Words cannot tell what a body says climbing the hill at nightfall 163
Wounded by time 65

You come back to your castle after centuries 37
You go into your parents' house 273
You who go through the day 141